Riecke / Recht in der Bankpraxis

Höchstrichterliche Entscheidungen
zum
Recht in der Bankpraxis

mit einem Vorwort von

Dr. Conrad Wille
Leiter der Berufsschule für das Bank- und Versicherungsgewerbe in Berlin

herausgegeben von

Dr. Karl-Heinz Riecke
Rechtsanwalt in Berlin

1937

Verlag von Georg Stilke in Berlin

Druck von A. Heine G.m.b.H., Gräfenhainichen

Vorwort.

Die vorliegende Entscheidungssammlung zum Recht in der Bankpraxis wendet sich nicht in erster Linie an den Bankjuristen, sondern vornehmlich an den Praktiker wie an den Lernenden im Bankfach. Die Tatsache, daß fast alle bankgeschäftlichen Vorgänge irgendwie nach der rechtlichen Seite hin Bedeutung gewinnen können, läßt es als notwendig erscheinen, daß die rechtliche Würdigung solcher Vorgänge nicht allein den Bankjuristen vorbehalten bleibt, sondern daß sich neben den verantwortlich Tätigen auch die jugendlichen Mitarbeiter über die Rechtsformen und -folgen ihrer Berufsarbeit klar werden. Nur dann ist es möglich, die Bankgeschäfte des täglichen Verkehrs rechtlich einwandfrei zu gestalten. Auf diese Weise wird man fehlerhafte Rechtsgeschäfte und daraus entspringende kostspielige Rechtsstreitigkeiten vermeiden.

Das Ziel dieser Sammlung ist keineswegs der Versuch, den Bankfachmann zum Juristen auszubilden oder gar den spezialisierten Juristen zu ersetzen. Der Herausgeber geht vielmehr von der Erwägung aus, daß die vielseitige und verantwortungsvolle Tätigkeit des Bankfachmanns die Kenntnis von vielen Rechtsvorschriften verlangt. Der Bankfachmann muß gewahr werden, wie er diese Rechtskenntnisse zu erwerben und richtig anzuwenden hat, und es muß ihm das Gefühl dafür geschärft werden, in welchen Augenblicken der Vorbereitung von Rechtsgeschäften er den Fachjuristen zu fragen hat.

Der Herausgeber weiß, daß die rechtliche Ausbildung von Bankfachleuten, die in ihrem Beruf eine Fülle von Erfahrungen sammeln, an praktische Fälle anknüpfen muß. Eine systematische Darstellung von Lehrsätzen und Paragraphen würde fehl gehen. Darum ist diese Entscheidungssammlung ein Helfer für die Praxis. Sie illustriert zunächst nur drei mehr allgemeine Teilgebiete des Rechts in der Bankpraxis. Der Herausgeber will keine allgemeingültigen Regeln vermitteln, sondern die Entscheidung eines jeweils bestimmten Falles auf Grund all seiner besonderen Tatumstände erkennen lassen. Immerhin wird aus den Entscheidungen die grundsätzliche rechtliche Stellungnahme des Richters zu den betreffenden Fragen aufgezeigt, und es wird zum Verständnis der Rechtsprechung angeleitet.

Die Rechtsfälle mit dem Wortlaut der Entscheidungen stehen im Vordergrund der Ausführungen. Sie sollen unmittelbar und als solche an den Leser herangebracht werden. Es wird auf eine kritische Stellungnahme sowie auf eine erschöpfende Erörterung der aufgeworfenen Fragen verzichtet. Der Rahmentext gibt zunächst einige notwendige Hinweise auf die rechtlichen Grundbegriffe. Er deutet weiterhin die Zusammenhänge in rechtlicher wie in wirtschaftlicher Hinsicht an, in denen die einzelne Entscheidung steht; und schließlich wird durch eine kurze Skizzierung weiterer Beispiele das Bild über die einzelnen Sachgebiete abgerundet.

Gerade mit dem Letzten strebt die Entscheidungssammlung einer weiteren Aufgabe zu: nämlich dem Beginn einer Sichtung und Ordnung, einer systematischen Zusammenfassung des Stoffs. Die für die Bankpraxis bedeutsamen Rechtsfragen werden im Gesetz teils überhaupt nicht — insbesondere, soweit es sich um Gewohnheitsrecht und um Handelsbräuche (§ 346 HGB.) handelt, — teils an weit verstreuten Stellen geregelt, so namentlich im Bürgerlichen Gesetzbuch, im Handelsgesetzbuch, im Gesetz betreffend die Gesellschaften mit beschränkter Haftung, im Gesetz betreffend die Erwerbs- und Wirtschaftsgenossenschaften, im Börsengesetz sowie im Reichsgesetz über das Kreditwesen. Man kann daher nur von einem „Recht in der Bankpraxis" sprechen, sofern man darunter alles das versteht, was rechtlich für das Bankgeschäft in seinem weitesten Sinne von Bedeutung ist.

Diese rechtssystematischen Schwierigkeiten erschweren aber gerade dem Nichtjuristen den Weg zum Verständnis des Rechts und der Rechtsprechung. Hinzu kommt, daß sowohl die einschlägige Literatur wie die Fundstellen für die Rechtsprechung derzeit noch völlig ungeordnet in den Zeitschriften und Sammelwerken verzeichnet sind. Auch in dieser Hinsicht soll die vorliegende Sammlung ein praktischer Helfer sein — und vielleicht nicht nur für den Bankfachmann, sondern mehr oder weniger für den Juristen selbst, — indem sie die wichtigsten Entscheidungen auf den behandelten Gebieten geordnet zusammenstellt.

Ich halte darum die vorliegende Sammlung, die fortgesetzt werden sollte, für notwendig und brauchbar, sowohl für den Unterricht wie für die Praxis.

Berlin, im November 1936.

Dr. Wille.

Inhaltsverzeichnis.

I. Teil.

Zum Begriff der Sorgfaltspflicht.

II. Teil.

Zum Begriff „Treu und Glauben".

III. Teil.

Zum Begriff des Verstoßes gegen die guten Sitten.

Verzeichnis der Entscheidungen.

Verzeichnis der Abkürzungen.

AufwF.	=	Zeiler, Aufwertungsfälle.
AufwG.	=	Aufwertungsgesetz.
BA.	=	Bankarchiv.
BGB.	=	Bürgerliches Gesetzbuch.
DevG.	=	Devisengesetz.
DevVO.	=	Devisenverordnung.
DJ.	=	Deutsche Justiz.
DJZ.	=	Deutsche Juristenzeitung.
DRZ.	=	Deutsche Richterzeitung.
EG. BGB.	=	Einführungsgesetz zum Bürgerlichen Gesetzbuch.
Erl.	=	Erläuterung.
FGM.	=	Feingoldmark.
GM.	=	Goldmark.
Hanseat. RGZtg.	=	Hanseatische Rechts- und Gerichtszeitung.
HGB.	=	Handelsgesetzbuch.
HRR.	=	Höchstrichterliche Rechtsprechung.
JW.	=	Juristische Wochenschrift.
KG.	=	Kammergericht.
LZ.	=	Leipziger Zeitschrift.
Nachw.	=	Nachweise.
OLG.	=	Oberlandesgericht.
RG.	=	Reichsgericht (die römische Ziffer gibt den Senat, deutsche Ziffern geben Band und Seite der amtlichen Entscheidungssammlung an).
RGBl.	=	Reichsgesetzblatt.
RGRK.	=	Kommentar der Reichsgerichtsräte.
RGSt.	=	Entscheidung des Reichsgerichts in Strafsachen.
Seuff. Arch.	=	Seufferts Archiv.
Warn. Rspr.	=	Warneyers Rechtsprechung des Reichsgerichts.

I. Teil.

Zum Begriff der Sorgfaltspflicht.

Mit der Eröffnung einer Geschäftsverbindung zwischen der Bank und ihrem Kunden, der praktisch die Anerkennung der Allgemeinen Geschäftsbedingungen durch den Kunden vorausgeht, entsteht — auch abgesehen von dem Abschluß einzelner Verträge — zwischen den Parteien ein allgemeines Vertrags- und Vertrauensverhältnis. Dieses Verhältnis verpflichtet die Bank zur Durchführung aller von ihr übernommenen Geschäfte mit der „Sorgfalt eines ordentlichen Kaufmanns" (§§ 1 Abs. 2 Ziff. 4, 347 HGB.). Die schuldhafte Verletzung dieser Pflicht kann einen Schadensersatzanspruch des Kunden begründen.

Allerdings beschränken die Geschäftsbedingungen vielfach, soweit zulässig, die gesetzliche Haftung der Bank bei der Abwicklung von Einzelverträgen und damit auch die Haftung aus der allgemeinen Sorgfaltspflicht. Es geschieht dies im Hinblick auf die Mannigfaltigkeit der Bankgeschäfte, die mit ihnen verknüpften, häufig gar nicht übersehbaren Risiken und nicht zuletzt wegen der öffentlichen Stellung, die die Bank als Treuhänderin des von ihr verwalteten gesamten Vermögens einnimmt; gerade diese öffentliche Stellung verpflichtet die Bank zur Berücksichtigung der Belange aller ihrer Kunden und damit zur Wahrung ihrer Liquidität, bedingt also oft die Unterordnung von Interessen eines einzelnen Kunden. Natürlich kann und will sich die Bank in ihren Geschäftsbedingungen nicht von ihrer Sorgfaltspflicht überhaupt lossagen; es sollen nur untragbare Risiken vermieden werden. Durch besondere Vereinbarung kann die Befreiung der Bank von ihrer gesetzlichen Haftung im Einzelfall auch wieder beseitigt werden. In den folgenden Entscheidungen dieses Teils wird es sich immer darum handeln, ob die Bank ihrer Sorgfaltspflicht genügt hat, ob sie etwa, wenn dies nicht geschehen ist, auf Grund der Geschäftsbedingungen davon befreit war, oder ob sie andernfalls haftet. Selbstverständlich bieten, wie schon hervorgehoben war, die nachstehenden Einzelfälle kein festes oder gar lückenloses Schema für die allgemeine Beurteilung der der Bank obliegenden Sorgfaltspflicht, sondern nur Beispiele, in denen immer mehr oder weniger die Entscheidung auf den besonderen Tatumständen des betreffenden Falles beruht.

Nr. 1. §§ 276, 278 BGB.

Eine Bank kann sich durch ihre allgemeinen Geschäftsbedingungen wirksam von der Haftung für eine fahrlässig falsch erteilte Auskunft ihres Geschäftsstellen-Vorstehers über die Güte einer Obligationsanleihe freizeichnen.

RG. VII. 3. Juli 1934 BA. 34/189.

Vorbemerkung.

In ihren allgemeinen Geschäftsbedingungen pflegen sich die Banken ihren Kunden bei der Erteilung von Auskünften und Ratschlägen unentgeltlich zur Verfügung zu stellen, zugleich aber auch ihre Haftung für hieraus dem Kunden etwa erwachsende Schäden auszuschließen. Die Frage, wieweit eine solche Freizeichnung wirksam ist, ist schon häufig Gegenstand von Prozessen gewesen. Die rechtliche Beurteilung ist verschieden je nachdem, ob zwischen der Bank und dem Kunden ein Vertrags- oder ein dem gleichzuachtendes Vertrauensverhältnis besteht, wie es besonders in einer Geschäftsverbindung liegt, oder ob ein solches Verhältnis nicht vorliegt. Bei einem Vertragsverhältnis haftet die Bank nach den §§ 676, 662ff., 675, 276 BGB., für ihre Erfüllungsgehilfen nach § 278 BGB.; diese Haftung kann — ausgenommen für eigenen Vorsatz (§ 276 Abs. 2 BGB.) — ausgeschlossen werden, wie es in den Geschäftsbedingungen regelmäßig geschieht. Die außervertragliche Haftung bestimmt sich dagegen nach den §§ 676, 823, 826 BGB., für ihre Vertreter und Gehilfen nach den §§ 31, 831 BGB.; hier ist die Beschränkung auf vorsätzliche Schädigungen, da § 823 Abs. 1 BGB. praktisch nicht in Betracht kommt, schon nach dem Gesetz gegeben. Die Bank haftet also — gleichgültig, ob vertraglich oder außervertraglich — in der Regel nur für vorsätzlich unrichtig erteilte Auskünfte und Ratschläge.

Unter diesem Gesichtspunkt ist auch die vorliegende Entscheidung zu betrachten. Das Reichsgericht hat hier nach den Feststellungen des Berufungsgerichts das Vorliegen einer vorsätzlichen Handlungsweise seitens der Bank bei Erteilung der Auskünfte verneint und deshalb den Schadenersatzanspruch des Kunden abgewiesen, weil sich die Bank für fahrlässige — auch grob fahrlässige — Versehen in ihren Geschäftsbedingungen wirksam freigezeichnet hatte.

Wie flüssig aber die Grenzen in der sachlichen Beurteilung des Reichsgerichts bei solchen Fällen sind, zeigt die Entscheidung des I. Zivilsenats vom 15. Mai 1935 (BA. 35/90).

In diesem Falle hatte ein Kunde auf die eingehend substanziierten Empfehlungen des Gesellschafters B. einer Bank amerikanische Kunstseide-Aktien gekauft. Als die Kurse später zu fallen begannen, und der Kunde der Bank gegenüber schon seine Verkaufsabsicht äußerte, riet B. trotzdem zum Festhalten der Papiere und wiederholte diesen Rat einige Zeit später nochmals. Durch das weitere Sinken der Papiere entstand dem Kunden ein beträchtlicher Verlust, den er in einer Schadenersatzklage gegen die Bank wegen Vertragsverletzung und unerlaubter Handlung geltend machte. Die beklagte Bank berief sich u. a. auf ihre Geschäftsbedingungen, bestritt auch einen vorsätzlichen Sittenverstoß.

Nachdem beide Vorinstanzen die Klage des Kunden abgewiesen hatten, kam das Reichsgericht zur Zurückverweisung:

„§ 826 BGB. enthält zwei Tatbestandsmomente: einmal muß ein Handeln gegen die guten Sitten vorliegen, zum anderen muß eine vorsätzliche Schadenszufügung stattgefunden haben. Ein sittenwidriges Handeln kann unter Umständen schon in einem grob leichtfertigen Verfahren, insbesondere in der Aufstellung einer Behauptung ohne gewissenhafte Prüfung ihrer Richtigkeit gefunden werden, zumal dann, wenn der Täter — was bei Bankangestellten in der Regel zutrifft — kraft seines Berufs eine besondere Vertrauensstellung einnimmt." Nicht ausreichend sei die Feststellung des Berufungsgerichts, daß der Gesellschafter B. die weitere Entwicklung der Kurse nach wie vor günstig beurteilt habe gegenüber der Behauptung des Klägers, daß B. bewußt unwahre, für den streitigen Schaden ursächliche Angaben gemacht habe, indem er behauptet habe, die amerikanische Kunstseidenindustrie sei auf fünf Jahre ausverkauft. „Waren diese Angaben bewußt unwahr, so könnten daraus Schlüsse gezogen werden, sowohl in der Richtung, daß der Rat ... als solcher ein durchaus leichtsinniger gewesen sei, als auch dahin, daß B. doch nicht sicher an eine weitere günstige Entwicklung der Kurse geglaubt, vielmehr mit einem Fallen gerechnet und auch diesen Umstand in seinen Willen mit aufgenommen habe. Dieser Verdacht läßt sich, wenn jemand bewußt unwahre Angaben über die Verhältnisse der in Betracht kommenden Aktiengesellschaften macht, nicht von der Hand weisen."

RG. VII. 3. Juli 1934 BA. 34/189.

Die Parteien stehen seit Jahren in Geschäftsverbindung. Mit Schreiben vom 4. Dezember 1929 wandte sich die Klägerin an die Geschäftsstelle der Beklagten in Bad H. und bat um eine kurze Auskunft über die Gewerkschaften A I—III. Die Geschäftsstelle antwortete am 7. Dezember 1929:

Die Gewerkschaften A I—III mit dem Sitz zu F. beabsichtigen eine 10%ige Obligationsanleihe (Teilschuldverschreibung) aufzulegen, die auf ihrem umfangreichen Berg- und Grundbesitz im Sauerland hypothekarisch sichergestellt wird.

Soviel uns bekannt ist, soll sich die Produktion in aufsteigender Linie befinden und durch bestehende Lieferungsverträge mit einem der ersten Hüttenwerke im rheinisch-westfälischen Industriegebiet verkauft sein.

Die den Gewerkschaften A I—III nahestehende Allg. E.-Gesellschaft m. b. H., F., steht seit längerer Zeit mit uns in angenehmer Geschäftsverbindung. Soweit wir im Verlauf der Geschäftsverbindung feststellen können, ist die Firma solid geleitet. Die mit uns getätigten Umsätze sind großen Umfangs. Kredit wurde bisher bei uns nicht in Anspruch genommen."

Am 11. Dezember 1929 schrieb die Klägerin an die Geschäftsstelle:

„Wir bestätigen dankend den Empfang Ihrer Auskunft vom 7. cr. über die Gewerkschaften A I—III. Wir gestatten uns nun heute die Anfrage, ob es Ihnen möglich ist, uns einige Einzelheiten angeben zu können. Besonders wäre es für uns von Interesse, zu erfahren, mit welchem Werk des rheinisch-westfälischen Industriegebiets der Lieferungsvertrag für die Erze abgeschlossen ist, und wer im Grubenvorstand der genannten Gewerkschaften vertreten ist. Für eine möglichst erschöpfende Mitteilung wären wir Ihnen sehr dankbar."

Die Geschäftsstelle antwortete am 12. Dezember 1929:

„Nachtrag zu der Ihnen erteilten Auskunft vom 7. Dezember 1929.

Die Gewerkschaften A I—III werden durch einen Vorstand vertreten, der sich aus den Herren ... zusammensetzt. Die gesamte Erzproduktion ist auf Grund bestehender Lieferungsverträge an den K.-Konzern verkauft.

Die als Vorstand genannten Herren sind in Bergwerkskreisen bekannte Persönlichkeiten, denen man Vertrauen entgegenbringen kann."

Die Auskunft wurde von der Geschäftsstelle auf Formularen erteilt, die den Vordruck enthalten:

„Wir geben Ihnen nachstehende Auskunft streng vertraulich und unter dem ausdrücklichen Vorbehalt, daß wir mit der Erteilung für die Richtigkeit keine Gewähr übernehmen und im voraus jede Haftung ablehnen. Sollten Sie hiermit nicht einverstanden sein, so bitten wir von der Auskunft keinen Gebrauch zu machen, sondern sie uns zurückzusenden, ohne Kenntnis davon zu nehmen.

über uns nach Erhalt dieser Auskunft bekannt werdende Veränderungen in den Verhältnissen der Angefragten berichten wir nur auf Grund neuer Anfragen."

Die Klägerin hat daraufhin in der Zeit vom 20. Dezember 1929 bis zum 3. Februar 1930 Obligationen der Gewerkschaften A I—III für den Betrag von 85 000 RM. erworben. Am 22. Februar übersandte die Beklagte — Zentrale F. — der Klägerin ein Gutachten des Bergrats R. vom Bergwerksamt K. in W. über die Ausbeutungsmöglichkeiten des Erzvorkommens in den den Gewerkschaften A I—III gehörenden Konzessionsgebieten Sauerland und Kur-Köln. In der Folgezeit erwarb die Klägerin noch bis zum 18. Juni 1930 für weitere 95 000 RM. Obligationen der genannten Gewerkschaften. In der Folge stellte es sich heraus, daß diese Obligationen völlig wertlos waren.

Die Klägerin hat die Beklagte auf Schadenersatz in Höhe eines Teilbetrages von 10 000 RM. mit der Klage in Anspruch genommen, weil die von der Geschäftsstelle in H. über die Gewerkschaften A I—III erteilten Auskünfte unrichtig gewesen seien. Die Gewerkschaften seien schon damals vollständig verschuldet gewesen. Ihren in der Auskunft als umfangreich bezeichneten Berg- und Grundbesitz hätten sie für 150 000 RM. gekauft. Auf diesem Grundbesitz habe bei der Auskunftserteilung bereits eine Hypothek von 250 000 RM. gelastet. Zugunsten der Obligationen sei keine Hypothek eingetragen worden, sondern vielmehr eine Grundschuld von 1 000 000 GM. zugunsten der Gewerkschaften selbst, die dazu noch nicht einmal rechtswirksam gewesen sei. Die Produktion sei nicht im Aufstieg, sondern bereits im Abflauen begriffen gewesen und im April 1930 vollständig eingestellt worden. Bereits vor dieser Zeit habe aber die K. AG. keinerlei Produktion mehr abgenommen; es seien also auch die Angaben über die bestehenden Lieferungsverträge unrichtig gewesen. Die Beklagte habe bei Erteilung der Auskunft mindestens grob fahrlässig gehandelt. Da sie sich mit dem Vertrieb der Obligationen befaßt habe, sei es ihre Pflicht gewesen, die tatsächlichen und rechtlichen Voraussetzungen für die Beurteilung der Papiere genau zu prüfen; sie habe z. B. Einsicht in die Grundbücher nehmen müssen. Bei nur oberflächlicher Prüfung würde sich ergeben haben, daß der Grundbesitz keine geeignete Sicherheit für eine Obligationsanleihe von 1 000 000 GM. biete. Statt dessen habe die Beklagte kritiklos ohne Einschränkung Auskunft erteilt, die jedes Bedenken etwaiger Käufer über die Qualität der Obligationen hätte zerstreuen müssen. Bezeichnend sei auch die Übersendung des Gutachtens des Bergrats R., das seinem ganzen Inhalt nach geeignet gewesen sei, zu weiteren Käufen von Obligationen anzuregen.

Die Beklagte hält sich nicht für verpflichtet, für eine etwaige unrichtige Auskunft ihrer Geschäftsstelle einzustehen, zumal sie sich in den Auskünften selbst und ihren „Allgemeinen Geschäftsbedingungen" von der Haftung für falsche Auskünfte freigezeichnet habe.

Das Landgericht hat die Beklagte nach dem Klageantrag zur Zahlung von 10 000 RM. verurteilt, das Oberlandesgericht auf die Berufung der Beklagten die Klage abgewiesen.

Beide Vorinstanzen haben festgestellt, daß die von der Geschäftsstelle der Beklagten in H. an die Klägerin erteilten Auskünfte über die Gewerkschaften A I—III objektiv unrichtig gewesen seien. Das Berufungsgericht hat angenommen, unrichtig sei zunächst die Angabe gewesen, daß die Obligationsanleihe hypothekarisch sichergestellt werde. Der Leser der Auskunft habe daraus entnehmen müssen, daß für die Anleihegläubiger selbst eine Sicherungshypothek gemäß § 1187 BGB. zur Eintragung gelangen werde, während es sich in Wirklichkeit nur um eine Grundschuld zugunsten der Gewerkschaften gehandelt habe. Unrichtig sei, daß von einem „umfangreichen Berg- und Grundbesitz im Sauerland" gesprochen werde, während der Erwerbspreis nur 150 000 RM. betragen habe und eine Vorbelastung von 250 000 RM. vorhanden gewesen sei, und unwahr sei es schließlich gewesen, daß sich die Produktion in aufsteigender Linie befinde.

Das Berufungsgericht ist weiter der Auffassung, daß die Beklagte fahrlässig gehandelt habe, — eine Haftung für Vorsatz stehe nicht in Frage. Die Beklagte könne sich nicht auf die ihr von einer Auskunftei erteilte Auskunft berufen. Die Gewerkschaften seien nicht nur Kontokorrentkunden der Geschäftsstelle in Bad H. gewesen, die Hauptstelle der Beklagten in F. habe die Schuldverschreibungen und Kuxe der Gewerkschaften im Depot gehabt; sie habe deren Abrechnung und Auslieferung übernommen. Aus dieser Geschäftsverbindung habe sie erheblichen Verdienst an Provision und Kursdifferenz gezogen. Schon diese Umstände hätten der Beklagten eine besondere Sorgfaltspflicht auferlegt, wenn sie ihren Kunden über die Gewerkschaften Auskunft gegeben habe. Es komme aber hinzu, daß die Beklagte auf den Zinsscheinen der Obligationen als Einlösungsstelle vermerkt sei, und daß sie den ersten fälligen Zinsschein eingelöst habe. Deshalb habe für die Beklagte die Verpflichtung bestanden, sich bei den Gewerkschaften selbst über deren Verhältnisse zu unterrichten, bevor sie Auskunft darüber erteilt habe. Soweit das nicht in einwandfreier Weise möglich gewesen sei, habe sie sich um Einsicht in die Grundbücher der Werke bemühen müssen. Auch in der Weitergabe des Gutachtens des Bergrats R. durch die Beklagte liege eine Fahrlässigkeit. Wenn darin auch keine positiven Unrichtigkeiten enthalten seien und der gute Glaube des Gutachters nicht bestritten werde, so sei doch der Bericht in seiner gesamten, die günstigen Momente stark hervorhebenden Fassung geeignet gewesen, in gleicher Weise wie die beiden Auskünfte den Ankauf der Schuldverschreibungen der Gewerkschaften zu empfehlen.

Das Berufungsgericht weist die Auffassung der Beklagten zurück, daß sie für die Auskünfte der Geschäftsstelle in Bad H. nicht zu haften brauche, weil diese nicht selbständig und zur Erteilung von Auskünften nicht befugt gewesen sei. Es stellt fest, daß der Vorsteher W. bevollmächtigt gewesen sei, die laufenden Geschäfte der Geschäftsstelle selbständig zu erledigen. Die Anweisung an die Geschäftsstelle, Anfragen über die Kundschaft der Hauptstelle zuzuleiten, sei von jener übersehen worden; die Geschäftsstelle habe dauernd Auskünfte erteilt. Daß W. auf Grund des § 19 Abs. 2 der Satzung der Beklagten als besonderer Vertreter im Sinne des § 30 BGB. anzusehen sei, erscheine unerheblich, weil der Schadensanspruch der Klägerin nicht auf unerlaubte Handlung gestützt werde und eine Haftung der Beklagten für außervertraglich durch den Organsvertreter verursachte Schäden (§ 31 BGB.) auszuscheiden habe. Ausschlaggebend sei vielmehr die Vorschrift des § 278 BGB., wonach die Beklagte für W. als ihren Erfüllungsgehilfen hafte.

Das Reichsgericht nimmt bei der Auskunftserteilung durch eine Bank ein Vertragsverhältnis an, wenn die Bank mit dem Anfragenden in Geschäftsverbindung steht und sich aus dieser Geschäftsverbindung ein dem Vertragsverhältnis gleichstehendes Vertrauensverhältnis herausgebildet hat.

RG. 126/50; JW. 1931/3098.

Dieses Vertrauensverhältnis besteht nach der Ansicht des Reichsgerichts bereits vom Beginn der Geschäftsverbindung an. Die Bank haftet dann aus der Erteilung von Auskünften für Vorsatz und Fahrlässigkeit auch der für sie Handelnden (§§ 276, 278 BGB.). Sie kann sich dann nicht schlechthin der Haftung für eine unrichtige Auskunft entziehen, denn deren Erteilung erweist sich dann als eine auf Grund der Geschäftsverbindung übernommene Pflicht. Keinesfalls kann sie in einem solchen Falle die Haftung für eine bewußt falsche Auskunft ablehnen.

RG. 126/52.

Die Haftung für Vorsatz der Gehilfen und gesetzlichen Vertreter kann ausgeschlossen werden, ebenso die Haftung für Fahrlässigkeit, auch für eigene und grobe.

RG. 115/127.

Nach den tatsächlichen Feststellungen des Berufungsgerichts stehen die Parteien seit Jahren in Geschäftsverbindung. Die Klägerin ist bereits seit 1921 Kontokorrentkundin der Beklagten, überdies ist sie Genossin der Beklagten geworden. Das Berufungsgericht hat deshalb mit Recht angenommen, daß die Beklagte der Klägerin grundsätzlich für die Auskünfte über die Gewerkschaften zu haften habe, ohne daß es noch auf die rechtlichen Beziehungen angekommen wäre, die sich in der Folge zwischen den Parteien dadurch herausgebildet haben, daß die Klägerin die A-Obligationen gekauft hat.

Von maßgebender Bedeutung ist auch nicht, ob der Vorsteher W. der Geschäftsstelle Bad H. als verfassungsmäßiger Vertreter der Beklagten nach § 31 BGB. oder als Erfüllungsgehilfe nach § 278 BGB. anzusehen ist. Die Beklagte hat entweder nach § 31 oder nach § 278 BGB. für sein Verschulden bei der Erteilung der Auskünfte zu haften.

Das Berufungsgericht hat aber weiter ohne Rechtsverstoß angenommen, daß die Beklagte sich in den Formularen, auf denen die Geschäftsstelle in Bad H. die Auskunft erteilt hat, wirksam von der Haftung für Fahrlässigkeit des W. bei der Erteilung der Auskünfte freigezeichnet habe, und daß diese Freizeichnung für eigene Fahrlässigkeit, auch grobe, insbesondere wegen des Gutachtens R. dadurch nachgewiesen sei, daß seit September 1921 im Geschäftsverkehr zwischen den Parteien die allgemeinen Bedingungen der Beklagten gelten, die unter Nr. 22 lauten:

> „Alle Berichte, Auskünfte, Anregungen erteilt die FGBank ihren Kunden nach bestem Wissen, jedoch unter Ausschluß jeglicher Verantwortlichkeit."

Danach würde die Revision der Klägerin nur Beachtung verdienen, wenn sie darzutun vermöchte, daß das Berufungsgericht rechtsirrig unterlassen habe, den Auskünften der Geschäftsstelle und der Weitergabe des Gutachtens R. durch die Beklagte zu entnehmen, daß dem Vorsteher der Geschäftsstelle und der Beklagten insoweit eine vorsätzliche Schädigung der Klägerin zur Last falle. In den Tatsacheninstanzen hat die Klägerin selbst nicht behauptet, daß sich die Beklagte der Unrichtigkeit der erteilten Auskünfte bewußt gewesen wäre oder hätte bewußt sein müssen. Daß das Gutachten R. unrichtige Angaben enthält, ist nicht festgestellt.

Wenn die Beklagte es unterlassen hat, in den Auskünften darauf hinzuweisen, daß das Mitgeteilte nicht auf eigener Sachkenntnis, sondern auf den Angaben einer Auskunftei beruhe, und wenn sie es weiter unterlassen hat, sich über die ihr erteilte Auskunft hinaus eigene Kenntnis von den Verhältnissen der Gewerkschaften zu verschaffen, so hat der Tatrichter darin ein Verschulden der Beklagten gefunden. Er hat das fahrlässige Verhalten der Beklagten festgestellt. Eine vorsätzliche Schädigung der Klägerin brauchte er darin nicht zu sehen. Infolgedessen bestand für ihn auch keine Veranlassung, die Frage zu prüfen, ob die Beklagte aus § 826 BGB. zu haften habe. Die Tatsache, daß die Beklagte die ihr erteilte Auskunft weitergegeben hat, ohne eigene Ermittlungen anzustellen, ergibt nicht, daß sie eine wissentlich falsche Auskunft gegeben hat.

Daß die Auskunft, die gesamte Erzproduktion sei an den K.-Konzern verkauft, bewußt unwahr gewesen sei, ist nicht festgestellt. Der Tatrichter hat darin, daß die Beklagte die Grundbücher der Gewerkschaften nicht eingesehen hat, eine Fahrlässigkeit der

Beklagten gefunden. Auf die Behauptung, daß die Beklagte der Klägerin bei dem Kauf der Obligationen zugesichert habe, daß die Anleihe hypothekarisch sichergestellt s e i , ist die Klage nicht gestützt worden. In der Feststellung des Berufungsgerichts, daß der Beklagten zwar Fahrlässigkeit bei der Erteilung der Auskünfte zur Last falle, daß sie sich aber davon wirksam freigezeichnet habe, ist ein Rechtsirrtum nicht zu finden.

Nr. 2. § 276 BGB.

Wirksame Freizeichnung von der Haftung für fahrlässige Versehen einer Bank bei Durchführung einer Vermögensverwaltung.

RG. III. 3. Mai 1932. BA. 32/344.

Vorbemerkung.

Für diese Entscheidung gelten entsprechend hinsichtlich der Haftung der Bank die oben (S. 2) für die Erteilung von Auskünften und Ratschlägen kurz dargelegten Grundsätze. Die für den Kunden übernommene Vermögensverwaltung verpflichtet die Bank nach § 675 BGB. Die Bank kann ihre Haftung für die Verletzung solcher Pflichten — ausgenommen bei eigenem Vorsatz (§276 Abs. 2 BGB.) — in ihren Geschäftsbedingungen wirksam ausschließen.

In einem anderen Fall hat das Reichsgericht — VII. 23. Februar 1932. BA. 31/290 —, ohne daß es hier ersichtlich auf eine Freizeichnungsklausel ankam, die Haftung einer Bank für den Verlust des Auslosungsrechts bzw. des Rechts auf die Vorzugsrente infolge Verwechslung hinterlegter Kriegsanleihestücke für begründet angesehen. Der adäquate Kausalzusammenhang zwischen der Verwechslung der Papiere bei der Bank und dem durch Rechtsverlust seitens des Kunden eingetretenen Schaden wurde bejaht. Ein Schaden sei schon dann von dem schuldhaft Handelnden verursacht, wenn nach den Umständen und den allgemeinen Erfahrungen anzunehmen sei, daß durch sein Verschulden ein Sachverhalt geschaffen wurde, der geeignet war, den Eintritt des schädigenden Ereignisses zu ermöglichen. Es liege für eine Bank keineswegs außerhalb des Bereichs der Möglichkeit, daß durch eine Verwechslung der ihr zur Aufbewahrung anvertrauten Wertpapiere Schädigungen ihres Auftraggebers entstehen könnten.

RG. III. 3. Mai 1932. BA. 32/344.

Der Kläger hat Ende 1920, als er nach Südafrika auswanderte, der Beklagten außer anderen Wertpapieren einen Hypothekenbrief über eine ihm zustehende Restkaufgeldhypothek von 25 000 M. zur Aufbewahrung und Verwaltung übergeben. Die Hypothek ist auf

3125 GM. aufgewertet worden. Die Beklagte hat es versäumt, innerhalb der in § 12 AufwG. bestimmten Frist die Aufwertung der persönlichen Forderung über den normalen Höchstsatz bei der Aufwertungsstelle für den Kläger zu beantragen. Der Kläger behauptet, die Wahrung der Frist sei Vertragspflicht der Beklagten ihm gegenüber gewesen; durch ihre Versäumnis sei die Aufwertung der im Jahre 1919 begründeten Forderung auf 100%, wie es nach § 10 Abs. 3 AufwG. möglich gewesen wäre, d. h. auf 12 500 GM. verhindert worden. Nachdem er im ersten Rechtsgang einen Teilbetrag seines Schadens von 4100 RM. geltend gemacht hatte, hat er mit der Berufung gegen das klagabweisende Urteil seinen Anspruch auf 7000 RM. erhöht. Das Oberlandesgericht hat die Berufung zurückgewiesen. Die Revision wiederholt den Berufungsantrag. Die Beklagte hat um Zurückweisung des Rechtsmittels gebeten.

Beide Vordergerichte haben dem Einwand der Beklagten stattgegeben, daß durch den Revers vom 11. Dezember 1920 die Haftung der Beklagten für das ihr unterlaufene Versehen ausgeschlossen worden sei. Das Berufungsgericht insbesondere hat diesen Revers, unter Heranziehung des Briefs der Beklagten vom 11. Dezember 1920 und des dem Kläger erkennbaren Umstandes, daß die Verwaltung des der Beklagten übergebenen Vermögens über den Kreis der von ihr sonst geführten, mehr bankmäßigen Geschäfte herausgegangen, und ihr Betrieb nicht auf die Besorgung anderer Geschäfte eingestellt gewesen sei, dahin ausgelegt, daß der Kläger damit auf Schadensersatzansprüche gerade aus fehlerhafter Behandlung des in Verwaltung gegebenen Hypothekenbriefs, besonders auch aus unzureichender Wahrung der Rechte des Klägers daraus verzichtet habe.

Diese Auslegung wird von der Revision ohne Grund als rechtsirrig beanstandet. Die Revision meint, der Revers habe, wie sein Wortlaut klar und deutlich sage, die Beklagte nur von der Haftung für solche Handlungen befreit, die sie als Generalbevollmächtigte des Klägers vornehmen werde, nicht aber gehe die Befreiung darüber hinaus. Es genügt, demgegenüber auf die schon im Berufungsurteil enthaltene Bemerkung hinzuweisen, daß die Beklagte den Antrag aus § 12 AufwG. für den Kläger nur auf Grund der ihr erteilten Vollmacht stellen konnte.

Im übrigen scheint die Revision den Wesensunterschied zwischen der auf Vollmacht beruhenden Ermächtigung und den aus der Übernahme der Vermögensverwaltung fließenden Verbindlichkeiten der Beklagten zu verkennen. Bei Ausstellung des Reverses kam eine Schadensersatzpflicht der Beklagten offenbar lediglich wegen Verletzung der ihr aus der Übernahme der Verwahrung und Vermögensverwaltung erwachsenden Pflichten in Frage. Aus der Erteilung der Vollmacht allein ergaben sich irgendwelche Pflichten für sie nicht. Deshalb konnte sich der Haftungsausschluß auch nur auf die Verletzung von Verwahrer- und Verwalterpflichten beziehen. Sollte der Kläger etwa jetzt aus dem Gesamtkreis dieser Pflichten solche als von dem Revers allein betroffen herausheben wollen, zu deren Erfüllung die Beklagte auf die ihr erteilte Vollmacht zurückgreifen mußte, so ist auch hier darauf zu verweisen, daß gerade zur Stellung des in Rede stehenden Antrags die Beklagte einer Vollmacht bedurfte. Ob, worauf die Revision entscheidendes Gewicht legen will, die Beklagte der Aufwertungsstelle bei der Antragstellung eine Vollmachtsurkunde vorweisen mußte, oder ob sie zu dieser Antragstellung auch ohne besonderen Nachweis ihrer Vertretungsmacht zugelassen war, ist gleichgültig. Wenn die Revision als rechtsirrig die Bemerkung des Berufungsurteils bezeichnet, ein Hypothekenbrief sei kein Wertpapier im Rechtssinne, so mag sie damit recht haben, soweit der allgemeine Rechtsbegriff des Wertpapiers in Frage steht als einer Urkunde, deren Besitz zur Rechtsausübung notwendig ist. Es kann aber kaum zweifelhaft sein, daß der Berufungsrichter hier allein an die als Gegenstände des Depotgesetzes in Betracht kommenden vertretbaren Wertpapiere gedacht hat, wie sich schon aus seiner Bezugnahme auf Ziff. 8 der Hinterlegungsbedingungen ergibt. Im übrigen würde der etwa hier unterlaufene Rechtsirrtum ohne Bedeutung für die Entscheidung des Berufungsrichters sein, weil es sich bei der Klage auf alle Fälle um einen Anspruch aus übernommener Verwaltung handelt, und der Revers solche Ansprüche, soweit sie wie hier auf Schadensersatz gerichtet sind, ausdrücklich auch in bezug auf Hypothekenbriefe ausschließt.

Ob der von der Revision als „grundfalsch" angegriffene Satz des Berufungsurteils, die gesamte Verwaltung der ihr übergebenen Vermögenswerte habe die Beklagte in ihrer Eigenschaft als Generalbevollmächtigte des Klägers geführt, in dieser Fassung rechtlich unbedenklich ist, kann dahinstehen. Denn, wie gezeigt, kommt es für den vorliegenden Rechtsstreit allein auf die Haftung aus der Übernahme der Verwaltung der streitigen Hypothek an, und diese Haftung ist durch den Revers ausgeschlossen worden.

Die Revision rügt schließlich, das Berufungsurteil gehe auf den über die Aufwertung der streitigen Hypothek von den Parteien in den Jahren 1924 und 1925 geführten Briefwechsel überhaupt nicht ein. Sie meint, hier habe die Beklagte erneut die Verpflichtung übernommen, der Hypothek ihr besonderes Augenmerk zuzuwenden, wenigstens aber, sie rechtzeitig anzumelden (richtig: den Antrag aus § 12 AufwG. zu stellen). Eine prozessuale Rüge wird hierzu nicht erhoben. Ein sachlichrechtlicher Verstoß liegt nicht vor. Der Briefwechsel ergibt keinerlei Anhalt dafür, daß die Beklagte hier eine neue Verpflichtung übernommen hätte. Bei der Wahrung der Aufwertungsansprüche handelt es sich lediglich um besondere Maßnahmen aus der schon im Jahre 1920 übernommenen Verwaltung, bezüglich deren eine Schadensersatzpflicht durch den Revers ausgeschlossen ist.

Nr. 3. § 276 BGB.

Haftung der Bank aus pflichtwidrig unterlassener Beratung des Depotkunden. Der Haftungsausschluß der Allgemeinen Geschäftsbedingungen kann durch besondere Vereinbarung aufgehoben werden.

RG. I. 29. September 1933. BA. 33/220.

Vorbemerkung.

Auf die besonderen Umstände des Falles wird hier vornehmlich zu achten sein. Das Reichsgericht hat in dieser Entscheidung die Haftung des Bankiers nicht ganz allgemein deshalb bejaht, weil er zu einer Beratung des Kunden bei dem Verkauf von Papieren schlechthin verpflichtet sei und diese Pflicht vernachlässigt habe, sondern weil er vielmehr nach den besonderen Tatumständen den Kunden auf die veränderte Sachlage hätte hinweisen müssen, und weil infolge dieses Versäumnisses der Kunde den rechtzeitigen, verlustvermeidenden Verkauf der Papiere unterließ. Wegen dieser besonderen Tatumstände konnte sich die Bank auch nicht mit Erfolg auf den Haftungsausschluß in ihren Geschäftsbedingungen berufen.

Die vorliegende Entscheidung zeigt nicht nur, daß sich die Grenzen der dem Bankier obliegenden Sorgfaltspflicht keineswegs schematisch festlegen lassen, sondern daß auch die Allgemeinen Geschäftsbedingungen durchaus kein unbedingt sicheres Allheilmittel gegen unvorhersehbare Ersatzansprüche des Kunden bilden.

Der Entscheidung des gleichen Senats vom 9. Mai 1934 liegt ein ähnlicher Sachverhalt zugrunde (vgl. unten S. 31 ff.). Auch hier kommt das Reichsgericht zu einer Verurteilung der Bank, wenn auch nicht wegen mangelnder Sorgfalt, sondern aus dem Gesichtspunkt der Treupflichtverletzung und des Verstoßes gegen die guten Sitten.

RG. I. 29. September 1933. BA. 33/220.

Das Berufungsgericht hat ausgesprochen, daß die Klägerin aus zwei Gründen dem Beklagten schadensersatzpflichtig sei, nämlich:

1. weil sie dem Beklagten am 10. April 1930 vom Verkauf der Kuxe abgeraten habe,
2. weil sie nicht nach der Gewerkenversammlung vom 16. Mai 1930 dem Beklagten den Verkauf angeraten oder ihn wenigstens auf die Bedenken gegen das weitere Festhalten an den Papieren und auf die Möglichkeit erneuter Kursverluste hingewiesen habe.

Auf die Ausführungen des Vorderrichters zu Punkt 1 braucht nicht eingegangen zu werden, wenn diejenigen zum zweiten Punkt der rechtlichen Nachprüfung standhalten. Das ist der Fall.

Das Berufungsgericht hat im wesentlichen folgendes ausgesprochen:

Wenn man es der Klägerin nicht zum Verschulden anrechnen wolle, daß sie dem Beklagten am 10. April 1930 vom Verkauf abgeraten habe, so sei sie doch jedenfalls verpflichtet gewesen, nach der im April oder Mai 1930 abgehaltenen Gewerkenversammlung von sich aus auf den Verkaufsauftrag vom 9. April 1930 zurückzukommen und dem Beklagten nunmehr den Verkauf zu empfehlen. Sie habe sich, nachdem in der Gewerkenversammlung die ungünstige wirtschaftliche Gestaltung der Grube sogar von der Verwaltung habe zugegeben werden müssen, nicht auf die vom Vorstand ausgesprochenen günstigeren Erwartungen für die Zukunft verlassen dürfen. Diese Aussichten seien so wenig bestimmt gewesen, daß selbst damals noch mit der Möglichkeit weiterer Zubußen habe gerechnet werden müssen. Die Verluste des Jahres 1929 seien als geradezu katastrophal bezeichnet worden. Die Klägerin hätte daher die von der Verwaltung ausgesprochenen Zukunftshoffnungen nur mit besonderer Vorsicht für ihre Meinungsbildung verwerten dürfen. Sie hätte zum mindesten den Beklagten auf die Bedenken gegen das weitere Festhalten und auf die Möglichkeit erneuter Kursverluste hinweisen müssen, nachdem dieser deutlich zu erkennen gegeben habe, daß er sich lieber mit den bisherigen Verlusten abfinden als ein weiteres Risiko übernehmen wolle. Da sie das unterlassen habe, müsse sie dem Beklagten den Schaden ersetzen, der ihm durch das spätere Sinken der Kurse erwachsen sei.

Es ergibt sich hieraus, daß das Berufungsgericht nicht etwa, wie die Revision es darzustellen versucht, der Klägerin zum Vorwurf macht, daß sie ihr pflichtmäßiges Ermessen bei Beantwortung der Frage, ob die Kuxe gehalten oder verkauft werden sollten, falsch ausgeübt habe. Der Sinn der Ausführungen ist vielmehr der:

Der Beklagte hatte schon von Anfang an Bedenken wegen des Ankaufs der Kuxe, weil der Kurs sank und große Zubußen erfordert wurden. Er hatte diese Bedenken der Klägerin wiederholt geäußert und erklärt, daß er unter Umständen die Papiere verkaufen wolle. Schließlich hatte er am 9. April 1930 Verkaufsauftrag gegeben, ihn aber auf Anraten der Klägerin wieder zurückgenommen. Der Klägerin war also bekannt, daß der Beklagte schon bisher nur widerstrebend die Papiere durchhielt.

Nun trat ein neues Moment ein durch die Gewerkenversammlung vom 16. Mai 1930. In dem Bericht wurde ausgeführt, daß die Verluste geradezu katastrophal gewesen seien, daß ein Gewinn bis dahin überhaupt nicht erzielt worden war, und daß mit der Möglichkeit weiterer Zubußen zu rechnen sei. Unter diesen Umständen, so meint das Berufungsgericht, sei die *Klägerin verpflichtet gewesen, erneut an den Beklagten heranzutreten, ihm die Lage, wie sie sich nach dem Bericht dar-*

stellte, klarzulegen und ihn auf die objektiv vorhandenen Bedenken gegen das weitere Festhalten der Papiere und die Möglichkeit weiterer Kursverluste aufmerksam zu machen. Diese Pflicht wird also nicht gegründet auf die Stellung des beratenden Bankiers im allgemeinen, sondern auf die ganz besonderen Umstände des Falles. Der Schwerpunkt des Vorwurfs liegt auch nicht darin, daß die Klägerin nicht zum Verkauf geraten hat, sondern daß sie es unterlassen hat, den Beklagten auf die neue Lage aufmerksam zu machen, welche geeignet war, seine Entschlüsse schwerwiegend zu beeinflussen. So verstanden, bieten die Ausführungen des Vorderrichters keinen Anlaß, ihm den Vorwurf der Überspannung des Begriffs des vertraglichen Verschuldens zu machen. Die Begründung verstößt nicht gegen rechtlich anerkannte Regeln.

Über die Ursächlichkeit der festgestellten Vertragsverletzung in bezug auf den eingetretenen Schaden hat sich das Berufungsgericht nicht ausdrücklich geäußert. Es geht aber ersichtlich davon aus, daß der Beklagte, wenn er auf die neue Lage aufmerksam gemacht worden wäre, nunmehr den Verkauf veranlaßt hatte, und daß dann der Schaden wenigstens in der Höhe, wie er für die Entscheidung des Rechtsstreits in Betracht kommt, nicht eingetreten wäre. Das Urteil geht auch weiter ersichtlich davon aus, daß die Klägerin erkannt hat oder hätte erkennen müssen, daß der Beklagte bei Kenntnis von dem in der Gewerkenversammlung erstatteten Bericht Verkaufsauftrag erteilt hätte. Bei dieser Sachlage kann es ganz dahingestellt bleiben, ob die Klägerin ohne Verschulden auch noch nach dem Bericht in der Gewerkenversammlung den Rat zum Behalten der Kuxe hätte erteilen können. Es ist abwegig, wenn die Revision meint, daß der Beklagte, falls ihm zum Verkauf geraten worden wäre, bei späterem Steigen der Kurse wegen dieses Rates Schadensersatzansprüche hätte erheben können.

Ohne Rechtsirrtum und auch von der Revision nicht beanstandet sind die Ausführungen des Berufungsgerichts darüber, daß die Geschäftsbedingungen der Klägerin, durch welche die Verantwortlichkeit für Auskünfte und Empfehlungen ausgeschlossen wird, dem Anspruch des Beklagten nicht entgegenstehen. Mit Recht ist ausgeführt, daß hier besondere Abmachungen getroffen sind, durch welche zulässigerweise die Bestimmungen der Bedingungen, soweit sie überhaupt einschlagen, ausgeschlossen worden sind.

Auch darin ist dem Oberlandesgericht nicht entgegenzutreten, daß dem Beklagten der Vorwurf eigenen Verschuldens nicht zu machen ist. Der Beklagte hatte zu Beginn der Geschäftsverbindung erklärt, daß er sich selbst wegen anderweitiger geschäftlicher Belastung um die angekauften Papiere nicht kümmern könne, sondern die Kontrolle der Klägerin überlassen müsse; damit hatte die Klägerin sich einverstanden erklärt. Sie kann daher ihm keinen Vorwurf machen, wenn er selbst die die Papiere betreffenden Ereignisse nicht verfolgt hat.

Ohne daß es auf weitere Erörterungen ankommen könnte, unterliegt daher die Revision der Zurückweisung.

Nr. 4. § 276 BGB.

Grenzen der der Bank obliegenden Sorgfaltspflicht bei der Prüfung von Vollmachten.

Kammergericht 14. Juni 1932. BA. 32/499.

Vorbemerkung.

Das Kammergericht kommt hier auf der Grundlage der reichsgerichtlichen Rechtsprechung zu dem Ergebnis, daß unter Berücksichtigung der besonderen Umstände des Falles sowie gegebenenfalls der Anschauungen bestimmter Verkehrskreise — vorliegend also der banküblichen Gepflogenheiten — an die der Bank obliegende Sorgfaltspflicht keine übertriebenen Anforderungen zu stellen sind. Maßstab ist nicht die Handlungsweise eines ganz besonders vorsichtigen Gläubigers sondern eines durchschnittlich ordentlichen und gewissenhaften Menschen.

Im Tatsächlichen beruht die Entscheidung darauf, daß die Fälschung der zum Empfang des von der Bank auszuzahlenden Betrages berechtigenden Vollmacht außerordentlich schwer erkennbar war, so daß die Bank sich ohne Verletzung ihrer Sorgfaltspflicht auf die Echtheit der Vollmachtsurkunde verlassen durfte.

Zu dem gleichen Ergebnis kommt auch die Entscheidung des Oberlandesgerichts Hamburg vom 16. Oktober 1931 (BA. 31/156) in einem ähnlichen Falle, wo dem Kunden durch die Fälschung einer Scheckunterschrift ein Schaden entstanden war. Hier handelte es sich ebenfalls um eine sehr geschickte Fälschung. Die Entscheidung hebt hervor, daß sogar echte Unterschriften häufig Abweichungen voneinander aufweisen. Ein Verschulden der Bank wurde verneint, denn eine Vergleichung jeder Scheckunterschrift mit der hinterlegten sei weder üblich noch ihre Unterlassung ohne das Vorliegen besonderer Verdachtsmomente schuldhaft.

Kammergericht 14. Juni 1932. BA. 32/499.

Die Beklagte ist die Rechtsnachfolgerin der M. C.-Bank. Am 19. April 1927 teilte diese Bank der Klägerin unter Bezugnahme auf ein von ihr an die J.-AG. gerichtetes Schreiben mit, daß sie bereit sei, 1800 RM. Vorzugsaktien dieser Gesellschaft zum Kurse von 160% zu übernehmen. Die Klägerin stand damals mit der M. C.-Bank nicht in Geschäftsverbindung, unterhielt vielmehr ein Konto bei der D.-Bank. Auf diesem Konto befanden sich u. a. auch die erwähnten auf den Namen der Klägerin lautenden Aktien, zu deren Übertragung die Zustimmung des Aufsichtsrats und der Generalversammlung der J.-AG. erforderlich war.

Am 22. April 1927 beauftragte die Klägerin, die damals ihr Haus krankheitshalber nicht verlassen konnte, ihren derzeitigen Untermieter, einen gewissen H. M., diese Aktien der M. C.-Bank zum Verkauf zu übergeben. Sie händigte ihm außer den Aktien eine von ihr unterzeichnete notariell beglaubigte Urkunde vom gleichen Tage folgenden Wortlauts aus:

„Die Unterzeichnete überträgt hiermit RM. 1800,— J.-Vorzugsaktien Nr. ... auf den Namen der M. C.-Bank, Berlin."

Außer diesen Urkunden legte M. der Bank folgendes Schreiben vor:

„Berlin, den 22. 4. 1927.

Der Inhaber dieses, Herr H. M., ist berechtigt, die auf meinen Namen lautenden nom. 1800,— J.-Aktien nach seinem Ermessen zu verwerten.

E. v. K.-D."

M. erhielt von der Bank den Gegenwert von 2 875,60 RM. ausbezahlt, worüber er quittierte. Er führte jedoch diesen Betrag nicht an die Klägerin ab, behielt ihn vielmehr für sich. M., dessen Aufenthaltsort zur Zeit unbekannt ist, wurde wegen dieses Betrages sowie wegen weiterer, der Klägerin veruntreuter Gelder rechtskräftig zu deren Ersatz verurteilt. In einem außerdem gegen ihn durchgeführten Strafverfahren wurde M. jedoch von der gegen ihn erhobenen Anklage des Betruges und der Urkundenfälschung freigesprochen.

Mit der Behauptung, M. habe das unbeglaubigte Schreiben vom 22. April 1927 gefälscht, und die Bank habe ihm den Betrag nicht aushändigen dürfen, verlangt jetzt die Klägerin von der Beklagten den Kaufpreis der Aktien.

Die Beklagte beantragt Klageabweisung. Sie bestreitet die dem M. zur Last gelegte Fälschung und macht weiterhin geltend, die Klägerin habe die Empfangnahme des Geldes durch M. angesichts ihres Schweigens auf die Auszahlungsnachricht — deren Empfang die Klägerin bestreitet — genehmigt, auch ihren Anspruch durch verspätete Geltendmachung der Forderung verwirkt, um so mehr, als nach den Allgemeinen Bankbedingungen Ansprüche binnen drei Tagen geltend zu machen seien.

In erster Instanz wurde die Klage abgewiesen, und zwar im wesentlichen mit der Begründung, daß die Klägerin den ihr obliegenden Beweis der Fälschung nicht erbracht habe, so daß der von der Beklagten erhobene Einwand der Tilgung durchgreife.

Der Berufung war der Erfolg zu versagen.

Zwar hat der Senat im Gegensatz zum Landgericht auf Grund der eingehenden Untersuchungen des Schriftsachverständigen Dr. S., dem ein umfangreicheres Vergleichsmaterial als dem s. Z. im Strafverfahren gehörten Sachverständigen G. zur Verfügung stand, die Überzeugung gewonnen, daß tatsächlich die unbeglaubigte Urkunde vom 22. April 1927 von M. fälschlich angefertigt worden ist. Dennoch war die angefochtene Entscheidung im Ergebnis aufrechtzuerhalten.

M. ist am 22. April 1927 nicht etwa, wie die Klägerin ausführt, lediglich als ihr mit der Überbringung von Wertpapieren und Begleiturkunden befaßter Bote tätig gewesen. Schon in ihrer Klagedarstellung trägt die Klägerin selbst vor, sie habe M. am 22. April 1927 beauftragt, ihr gehörige J.-Aktien der M. C.-Bank „zum Verkauf" zu übergeben. Bisher lag ja auch insoweit lediglich das Schreiben der Bank vom 19. April 1927 vor, inhalts dessen sich diese „bereit erklärte", 1800 RM. J.-Aktien zu einem bestimmten Kurse „zu übernehmen". Es fehlte jedoch noch an einer Vereinbarung über die Behandlung des Kaufpreises, d. h. darüber, ob der Gegenwert der Aktien durch entsprechende Barzahlung, durch Gutschrift auf ein bei der Bank selbst einzurichtendes Konto, oder im Wege der Überweisung zur Aushändigung an die Klägerin kommen sollte. Die Abgabe der insoweit noch erforderlichen rechtsgeschäftlichen Willenserklärungen durch M. und die Herbeiführung einer diesbezüglichen Einigung zwischen den Vertragschließenden gehörte gleichfalls zu der dem M. übertragenen Übergabe der Papiere „zum Verkauf". Die Klägerin hat sich mithin des M. nicht als bloßen Boten, sondern nach den zutreffenden Ausführungen der Beklagten als Erfüllungsgehilfen im Sinne des § 278 BGB. bedient. Zu diesen Personen gehört unterschiedslos jeder zur Erfüllung einer Verpflichtung Verwendete, falls seine Tätigkeit nur in irgendeiner Beziehung der Erfüllung gedient hat, mag der Gehilfe die gesamte Leistung allein bewirkt haben, oder mag außerdem auch der Verpflichtete selbst mit tätig geworden sein, mag also der Gehilfe auch nur bei den Vorbereitungshandlungen mitgewirkt haben.

Vgl. RG. 55/331.

Es kann auf sich beruhen bleiben, ob nach den Weisungen der Klägerin M. den Erlös der Aktien ihrem Konto gutschreiben lassen sollte. Aufgabe des M. war es, den Veräußerungsvertrag zustandezubringen. Machte er sich hierbei gegenüber der Bank einer in unmittelbarem inneren Zusammenhang mit seiner Hilfstätigkeit stehenden arglistigen Täuschung schuldig, so muß die Klägerin selbst hierfür einstehen.

RG. 103/50; JW. 1915/240.

Die seitens der Klägerin erhobene Einrede des überwiegenden Verschuldens der Bank bei der Entstehung des Schadens — § 254 BGB. — greift nicht durch.

Es ist ein allgemeiner Rechtsgrundsatz, daß im rechtsgeschäftlichen Verkehr jeder, der eine Erklärung abgibt, die auch durch schlüssige Handlungen erfolgen, d. h. aus seinem Verhalten entnommen werden kann, sie mit dem (objektiven) Inhalt gelten lassen muß, wie der Erklärungsempfänger sie nach Treu und Glauben verstehen darf.

RG. JW. 1930/3482.

So bestimmen sich auch Inhalt und Umfang einer Vollmacht nach dem, was als erklärt nach außen in Erscheinung tritt. Demnach hat, da eine Bevollmächtigung stillschweigend erklärt werden kann, derjenige, dessen Verhalten sich nach außen als Erklärung einer Vollmacht darstellt, diese Vollmacht im Rechtssinne erteilt, auch wenn die objektive Bedeutung seines Verhaltens über seinen wirklichen Willen und etwaige im Innenverhältnis dem Vollmachtsempfänger gegebene Weisungen hinausgeht (RG. a. a. O.).

Im vorliegenden Fall ließ die Klägerin in die Hände des M. nicht nur die Aktien gelangen, zu deren Übernahme sich die Bank zuvor bereit erklärt hatte, sondern übergab ihm unstreitig jedenfalls auch die eingangs wiedergegebene, notariell beglaubigte Abtretungserklärung vom 22. April 1927. Daraus durfte die Bank nach Treu und Glauben annehmen, daß die Klägerin den M. auch zur Verfügung über die Wertpapiere zugunsten der Bank ermächtigen wollte und zugleich in seine Verfügung über den Gegenwert in der von ihm gewählten Form im voraus einwilligte, zumal wenn man berücksichtigt, daß sie bei der Bank ein Konto nicht besaß, und somit eine sofortige Barauszahlung des Gegenwerts der Aktien an den Überbringer der nach der Sachlage gebotene und übliche Weg war. Etwas, was diese regelmäßige Bedeutung ihres Verhaltens nach außen hin einzuschränken geeignet gewesen wäre, ist aus dem gesamten Vortrag der Klägerin nicht zu entnehmen. Alles dies gilt erst recht angesichts der unstreitigen Tatsache, daß M. außer der vorerwähnten Abtretungserklärung auch das unbeglaubigte Schriftstück vom 22. April 1927 vorgelegt hat, dessen Echtheit streitig ist. Zu prüfen, ob sich der Stellvertreter in den Grenzen seines Auftrages hält, ist an sich nicht Sache seines Vertragsgegners; nur um die Vollmachtmäßigkeit des Geschäfts hat er sich in der Regel zu kümmern.

RG. 71/222; auch RG. a. a. O.

Allerdings findet seine Befugnis, die Erteilung der Vollmacht gegen den Machtgeber geltend zu machen, dort ihre Grenze, wo er einen offenbaren Mißbrauch der Vollmacht erkannte oder bei Anwendung der im Verkehr erforderlichen Sorgfalt erkennen mußte[1]. Die sich im Rahmen der Vollmacht haltende Verfügung bleibt zwar auch in einem solchen Falle an sich wirksam, ihre Geltendmachung begegnet jedoch dem Einwand der Arglist oder einem Schadensersatzanspruch.

Vgl. RG. V. 10. Nov. 1926 Seuff. Arch. 81/80; RG. a. a. O. S. 3483).

Die Beweislast trifft den Machtgeber, der seine Vollmacht nicht gelten lassen will (RG. a. a. O.).

Vorliegend hat indessen die Klägerin nichts vorgebracht, was für die Frage der etwaigen Erkenntnis oder Erkennbarkeit eines Vollmachtsmißbrauchs durch M. von Erheblichkeit gewesen wäre. Wie schwer die Fälschung der Unterschrift der Klägerin auf der streitigen Urkunde zu erkennen ist, beweist zur Genüge die Tatsache, daß s. Z. der Strafrichter insbesondere auf Grund des damaligen Gutachtens des Schriftsachverständigen zu einer Freisprechung des M. von der gegen ihn erhobenen Anklage der Urkundenfälschung gelangte. Jedenfalls durfte die Bank der Echtheit auch dieses Schriftstücks sowie den entsprechenden Erklärungen des M. vertrauen und ihn demgemäß auch zur Empfangnahme des Gegenwerts der Aktien für ermächtigt halten. Keinesfalls war ihr zuzumuten, die Echtheit der streitigen Unterschrift einer besonderen Prüfung zu unterziehen. Das Maß der aufzuwendenden Verkehrssorgfalt — § 276 BGB. — richtet sich nach den jeweiligen Umständen des besonderen Falles.

RG. JW. 1931/3323.

Für die jeweils zu beobachtende Sorgfalt ist nicht die Übung besonders vorsichtiger Gläubiger, sondern das entscheidend, was ein normaler, ordentlicher und gewissenhafter Mensch zu tun pflegt.

RG. JW. 1929/773 Nr. 46.

Dabei ist die Berücksichtigung der Anschauungen eines bestimmten engeren Verkehrskreises nicht ausgeschlossen, wenn es sich nicht um eine in den Verkehr eingedrungene Unsitte handelt.

RG. 102/49.

Nach Lage der Sache durfte sich jedoch die Bank im vorliegenden Fall auf die Richtigkeit sämtlicher, ihr von M. vorgelegter, sowohl dem Inhalt wie der äußeren Form nach augenscheinlich einwandfreien Urkunden verlassen, ohne die ihr obliegende Sorgfalt zu ver-

[1]) vgl. die Entsch. des RG. vom 9. Oktober 1935 (unten S. 22).

letzen. Jedenfalls würde die von der Klägerin vertretene gegenteilige Auffassung dazu führen, daß im Einzelfall die Banken den geradezu verkehrsfeindlichen Standpunkt einnehmen würden, die Beglaubigung jeder, nach Form und Inhalt noch so bedenkenfreien Privaturkunde zu verlangen, sofern diese für die Abwicklung des betreffenden Geschäfts irgendwie von Erheblichkeit sein sollte. Derartige Anforderungen an das Maß der üblichen Verkehrssorgfalt zu stellen, kann nach den dargelegten Grundsätzen nicht Aufgabe der Rechtspflege sein.

Verfehlt sind auch die weiteren Ausführungen der Klägerin dahingehend, die Bank hätte ohne Rücksicht auf die Echtheit oder Unechtheit der streitigen Vollmachtsurkunde M. zur Empfangnahme der Gegenleistung nicht eher als ermächtigt ansehen können, als bis nicht die Übertragung der Aktien durch Genehmigung von Aufsichtsrat und Generalversammlung der J.-AG. rechtswirksam geworden war. Abgesehen davon, daß ein etwaiger Mangel dieser Genehmigung die Ermächtigung des M. zur Empfangnahme des Erlöses im Verhältnis zwischen der Klägerin und der Bank unberührt gelassen hätte, erhellt aus dem von der Beklagten überreichten Schreiben der J.-AG. an die Klägerin zur Genüge, daß eine Unsicherheit über die am 28. April 1927 formell erteilte Genehmigung von vornherein nicht bestand.

Schließlich geht auch der Einwand der Klägerin fehl, die Bank habe sie selbst als die allein zur Empfangnahme des Gegenwerts der Aktien berechtigte Eigentümerin dadurch anerkannt, daß sie unstreitig den Gegenwert der Papiere einem für sie, die Klägerin, neu errichteten Konto gutgeschrieben und ihr von dieser Gutschrift Mitteilung gemacht habe. Nach der bedenkenfreien Darstellung der Beklagten wurde den bankgeschäftlichen Gepflogenheiten gemäß lediglich aus inneren, buchhalterischen Gründen der Gegenwert der Aktien auf einem neu errichteten Konto der Klägerin gutgeschrieben und sofort wieder belastet, um später erforderlichenfalls die Herkunft der Aktien mühelos feststellen zu können. Unter diesen Umständen entbehrt der von der Klägerin zuungunsten der Beklagten gezogene Schluß jeder tatsächlichen Grundlage.

Bei dieser Sach- und Rechtslage kann es auf sich beruhen bleiben, ob die Klägerin s. Z. die Auszahlungsnachricht der Bank erhalten hat, und es bedarf ebensowenig einer Erörterung, ob auch die sonstigen Einwendungen der Beklagten — Verwirkung, Nichtbestehen eines Bereicherungsanspruchs — begründet sind.

Nr. 5. §§ 164, 276 BGB.

Die vom Kunden einem Dritten zur Verfügung über ein Sonderkonto eingeräumte Vollmacht geht nur so weit, wie das Sonderkonto Deckung hat, ermächtigt den Bevollmächtigten aber nicht zur Überziehung des Kontos und zur Inanspruchnahme von Bankkredit. Keine stillschweigende Anerkennung der täglichen Kontoauszüge durch den Kunden gemäß den Allgemeinen Geschäftsbedingungen, wenn der Bevollmächtigte die Auszüge unterschlägt und deren Kenntnisnahme dem Kunden vorenthält.

RG. I. 31. Mai 1933. BA. 32/440.

Vorbemerkung.

Ein anderer Fall des ungetreuen Bevollmächtigten. Hier lagen aber die Grenzen der Ermächtigung mit der selbstverständlichen Beschränkung auf den Bestand des Sonderkontos in einer auch für die Bank erkennbaren Weise klar. Darüber hinaus verletzte die Bank offenbar die ihr dem Kunden und Vollmachtgeber gegenüber obliegende Sorgfaltspflicht, indem sie hinter seinem Rücken dem Bevollmächtigten einen beträchtlichen Kredit einräumte. Aber auch in diesem Falle legte das Reichsgericht dem Kunden noch ein mitwirkendes Verschulden bei der Überwachung des Bevollmächtigten zur Last.

Angegriffen wurde diese Entscheidung wegen ihres zweiten Punktes, wo das Reichsgericht die stillschweigende Anerkennung der täglichen Kontoauszüge durch den Kunden gemäß den Geschäftsbedingungen verneint hatte (BA. 32/442, Anm. der Schriftleitung). Hier wird unter Bezugnahme auf die Entscheidung des Kammergerichts vom 18. November 1915 (BA. 15/286) darauf hingewiesen, daß die tatsächliche Nichtkenntnis des Kunden von den übersandten Kontoauszügen nach § 130 BGB. unerheblich sei, da die Auszüge ihm jedenfalls — wenn auch zu Händen des Bevollmächtigten — zugegangen seien. Damit wird aber die auf § 812 Abs. 2 BGB. gestützte Begründung des Reichsgerichts nicht entkräftet, wonach das — auch vom Reichsgericht als vorliegend anerkannte — stillschweigende Anerkenntnis des Kunden von diesem wieder zurückgefordert werden kann.

Ein ähnlicher Sachverhalt liegt dem Urteil des Oberlandesgerichts Königsberg vom 7. Dezember 1933 (HRR. 1934 Nr. 1018) zugrunde, wo die klagende Kundin ihrem Schwager, einem Vorstandsmitglied der beklagten Genossenschaftsbank, ihr Sparbuch mit dem Auftrag zu einer bestimmten Verwertung überlassen hatte. Der Schwager mißbrauchte das Vertrauen, hob zweimal auftragswidrig Gelder ab und verbrauchte sie für sich. Die Bank wurde hier zur Wiedergutschrift der auftragswidrig abgehobenen Beträge verurteilt: Sie müsse sich die Kenntnis ihres Vorstandsmitgliedes, des Schwagers, über die Nichtberechtigung der betreffenden Verfügungen anrechnen lassen, denn bei den auftragswidrigen Abhebungen habe dieser als ihr Vertreter gehandelt. Eine Haftung der Kundin aus mitwirkendem Verschulden sei nicht gegeben, weil sich § 254 BGB. nur auf Schadenersatzansprüche beziehe, vorliegend aber kein solcher, sondern ein Anspruch auf Feststellung dahin geltend gemacht werde, daß die Darlehnsforderung der Kundin an die Bank durch die auftragswidrigen Abhebungen des Schwagers nicht getilgt sei.

In einer Entscheidung vom 9. Oktober 1935 (JW. 36/643 Nr. 2) hat ebenfalls der I. Zivilsenat des Reichsgerichts ausgesprochen, daß, wer einem Bevollmächtigten gegenüber ein Rechtsgeschäft vornimmt, bei begründeten Zweifeln an dessen Treue verpflichtet ist, das Innenverhältnis zwischen Vollmachtgeber und Bevollmächtigtem nachzuprüfen[1]).

Die Klägerin war hier, wie auch der beklagten Bank bekannt war, als befreite Vorerbin nach ihrem Ehemann Inhaberin eines Depots von Wertpapieren. Hierüber hatte sie ihrem Schwiegersohn H., der auch Testamentsvollstrecker war, Vollmacht eingeräumt für den geschäftlichen Verkehr einschließlich des Wechsel- und Scheckverkehrs. H. verpfändete der Bank die Papiere zur Sicherstellung für einen ihm persönlich eingeräumten Kredit. Nachdem er in Konkurs gefallen war, wollte sich die Bank wegen ihrer ausgefallenen Forderung an den verpfändeten Papieren schadlos halten. Die Klägerin verlangte nunmehr mit der Klage die Freigabe der Papiere, da H. zu deren Verpfändung nicht befugt gewesen sei.

Nach Abweisung in erster Instanz gab das Oberlandesgericht der Klage statt; die Revision der Bank blieb erfolglos.

Die Verurteilung der Bank wurde damit begründet, daß die Klägerin als Vorerbin ohne Beeinträchtigung der Nacherbenrechte nicht befugt gewesen sei (§ 2113 Abs. 2 BGB.), H. zu einer Verpfändung der Papiere für eigene Zwecke zu ermächtigen. Diese Bedenken hätten die Bank nach Treu und Glauben (§ 242 BGB.) zu einer Rückfrage bei der Klägerin veranlassen müssen. In dem Unterlassen liege eine grob fahrlässige Verletzung ihrer Sorgfaltspflicht, die auch nicht dadurch entschuldigt werde, daß H. der Bank gegenüber das Einverständnis der Klägerin, seiner Schwiegermutter, mit der Verpfändung behauptet, und daß er allgemein als tüchtiger und zuverlässiger Geschäftsmann gegolten habe.

---

[1]) vgl. die Entsch. des RG. vom 14. Juni 1932 (oben S. 15).

RG. I. 31. Mai 1933. BA. 32/440.

Der Kläger ist Syndikus mehrer wirtschaftlicher Verbände und hat als solcher fremde Gelder zu verwalten. Er hat bei der beklagten Bank, mit der er in Geschäftsverbindung steht, neben seinem Personalkonto mehrere Sonderkonten anlegen lassen. Am 30. Oktober 1926 schrieb er der Beklagten:

„Ich bitte für mich ein besonderes Konto: ‚Fr. K. M.' (Konvention M.) anzulegen, über welches die Zahlungen laufen, die durch meine Vermittlung zwischen nachstehenden Firmen stattfinden (folgen die Namen der Firmen).

Nachschrift: Über dieses Konto kann sowohl ich wie mein Mitarbeiter, Herr Regierungsrat a. D. Dr. Gr., verfügen."

In den Jahren 1930 und 1931 hat Dr. Gr. über das Konto Fr. K. M. insgesamt etwa 54 000 RM. veruntreut. Dies wurde ihm dadurch erleichtert, daß ihm die Beklagte eine Überziehung des Kontos bis zur Höhe von 30 000 RM. gestattete. Dem Kläger wurde die getroffene Vereinbarung weder von Gr. noch von der Beklagten mitgeteilt. Die Beklagte hat die Überziehung des Kontos K. M. durch Verrechnung mit anderen Konten des Klägers ausgeglichen. Von Dr. Gr., der im Strafverfahren verurteilt worden ist, ist Ersatz des Schadens nicht zu erlangen.

Der Kläger nimmt die Beklagte in Anspruch, indem er geltend macht, sie habe unter Verletzung ihrer Vertragspflicht ihm gegenüber die Verfügungen des Dr. Gr. ausgeführt, die offensichtlich nicht im Rahmen der erteilten Vollmacht gelegen hätten. Insbesondere hätte die Beklagte eine Überziehung des Kontos angesichts seiner Zweckbestimmung nicht zulassen dürfen, mindestens aber ihm, dem Kläger, sofort Mitteilung machen müssen.

Die Beklagte hat geltend gemacht, daß für sie eine Beschränkung der Vollmacht des Gr., wie sie der Kläger behaupte, nicht erkennbar geworden sei. Die Zweckbestimmung des Kontos „K. M." im Briefe des Klägers habe für sie nur informatorische Bedeutung haben können, denn irgendeine Verpflichtung, die Einhaltung der Zweckbestimmung zu überwachen, habe sie als Großbank gar nicht übernehmen können. Wenn aber eine Vollmachtsüberschreitung seitens des Gr. vorliege, so habe sie der Kläger genehmigt. Er habe sich auf Grund der ihm übersandten Tagesauszüge jederzeit von dem Stand des Kontos unterrichten können; er sei verpflichtet gewesen, gegen die Maßnahmen des Gr. Widerspruch zu erheben, und zwar gemäß den Geschäftsbedingungen, die er als verbindlich anerkannt habe, innerhalb von kurzen Fristen; die Fristen habe er nicht innegehalten. Es komme hinzu, daß der Kläger den Kontoauszug vom 30. Juni 1931 für das erste Halbjahr 1931, der einen Debet von 103 RM. auf dem Konto „K. M." aufgewiesen habe, persönlich durch Unterschrift anerkannt habe, ohne Widerspruch zu erheben.

Schließlich müsse der Kläger den eingetretenen Schaden jedenfalls deshalb allein tragen, weil er jegliche Überwachung des Gr. unterlassen habe. Die Folgen seiner eigenen Unachtsamkeit könne er nicht auf die Beklagte abwälzen.

Der Kläger hat erwidert, daß er von den übersandten Tagesauszügen keine Kenntnis erhalten habe, da Gr. sie stets sofort an sich genommen habe. Eine Genehmigung komme deshalb nicht in Betracht.

Das Landgericht hat die Klage abgewiesen.

Auf die Berufung des Klägers hat das Oberlandesgericht abändernd nach dem Klageantrage erkannt, Zinsen jedoch nur in Höhe von 4% seit Klagezustellung zugesprochen.

Die Revision kann keinen Erfolg haben, denn die Klage, mit welcher der Kläger Auszahlung eines Teils seines ihm angeblich noch zustehenden Guthabens von der Beklagten fordert, ist begründet.

Das Berufungsgericht nimmt an, daß die dem Gr. erteilte Vollmacht diesen ermächtigt habe, bei aktivem Stande des Kontos „K. M." Barbeträge abzuheben und Überweisungen an Dritte, d. h. an solche, die Nichtmitglieder der M.-Konvention waren, vorzunehmen, und daß der Kläger solche Verfügungen gegen sich gelten lassen müsse. Es ist aber der Ansicht, daß Gr. nicht berechtigt gewesen sei, zu Lasten des Klägers Schulden zu machen; die Vereinbarung zwischen Gr. und der Beklagten, durch welche letztere dem Gr. gestattete, das Konto „K. M." bis zur Höhe von 30 000 RM. zu überziehen, solange der Kläger auf seinen anderen Konten ein entsprechendes Guthaben hatte, sei daher dem Kläger gegenüber nicht wirksam geworden.

Hierin kann kein Rechtsirrtum gefunden werden. Das Berufungsgericht geht mit Recht davon aus, daß der gesamte Inhalt des Schreibens vom 30. Oktober 1926 bei der Beurteilung zugrunde gelegt werden müsse. In dem Briefe ersucht der Kläger die Beklagte um Anlegung eines besonderen Kontos, über welches die Zahlungen laufen sollen, die durch seine Vermittlung zwischen gewissen, namentlich benannten Firmen stattfinden werden. Im Anschluß daran erklärt er, daß über *dieses* Konto sowohl er wie Dr. Gr. verfügen könne.

Auszugehen ist von der Frage, was überhaupt die *Verfügung über ein Konto im Bankverkehr* bedeutet. Hat ein Bankkunde nur ein Konto und räumt er einem anderen die Verfügungsmacht darüber ein, so ist wohl kein Zweifel möglich, daß jener andere zwar das Guthaben bis auf den letzten Rest abheben darf, daß er aber nicht mit rechtlicher Wirksamkeit gegen den Machtgeber das Konto überziehen, also diesen der Bank gegenüber zum Schuldner machen kann. Das wäre keine Verfügung über das Konto mehr, die sich doch immer auf das in dem Konto steckende Vermögensstück, also auf die Forderung des Machtgebers gegen die Bank, beschränken muß.

Wenn nun mehrere Konten vorhanden sind, und die Vollmacht ist auf ein bestimmtes Konto beschränkt, so kann nichts anderes gelten. Mögen die verschiedenen Konten im allgemeinen als eine Einheit zu betrachten sein, so hat es doch der Bankkunde in der Hand, diese Einheitlichkeit durch seine Erklärung in gewissem Umfang aufzuheben. Beschränkt er die Verfügungsmacht des Bevollmächtigten, so will er eben nicht, daß jener auch über die in anderen Konten steckenden Vermögensstücke verfügen oder zu seinen Lasten Verbindlichkeiten eingehen könne, die sein übriges Vermögen über den Stand des besonderen Kontos hinaus belasten würden. Das eine oder andere müßte aber unweigerlich eintreten, wenn der Bevollmächtigte das besondere Konto zu Lasten seines Machtgebers überziehen dürfte. Hierbei wird es nicht einmal darauf ankommen, ob, wie das Berufungsgericht annimmt, das besondere Konto ein Treuhandkonto und als solches der Bank ohne weiteres erkennbar geworden ist.

Alles, was die Revision dagegen einwendet, erscheint nicht stichhaltig. Sie geht von dem Gedanken aus, daß es dem Kläger ohne weiteres freigestanden habe, das Sonderkonto zu überziehen und den Kredit der Bank in Anspruch zu nehmen, falls ihm dieser Kredit gewährt wurde, und daß daher dem Dr. Gr. auch dieses Recht zuzugestehen sei. Dabei wird aber eben nicht beachtet, daß die Überziehung des Kontos und die Inanspruchnahme von Kredit eben keine Verfügung über das Konto darstellt, sondern etwas ganz anderes.

Das Berufungsgericht hat auch mit Recht angenommen, daß eine Genehmigung der Kreditvereinbarung und Kontoüberziehung aus dem Verhalten des Klägers nicht zu folgern sei. Was das vom Kläger persönlich vollzogene Saldoanerkenntnis vom 30. Juni 1931 betrifft, so hat das Berufungsgericht ausgeführt, daß die Abrechnung damals nur eine Schuld von 103 RM. und einigen Schweizer Franken ausgewiesen habe. Ein solcher geringer Betrag sei bei dem Umfang des Kontos nicht auffallend gewesen, da er allein durch die Belastung mit üblichen Bankspesen zum Halbjahresschluß habe entstehen können, ohne daß der Kläger hieraus allein auf eine vollmachtswidrige Handlungsweise des Gr. habe schließen müssen. Deshalb sei es auch unrichtig, wenn die Beklagte meine, sie habe das Saldoanerkenntnis als Bewilligung der Kontoüberziehung auffassen dürfen. Der Betrag sei zu gering gewesen, als daß er eine solche Meinung der Beklagten habe stützen können. Abgesehen davon könne aus dem zum 30. Juni 1931 abgegebenen Saldoanerkenntnis keinesfalls auf eine Genehmigung der erst im August getroffenen Kreditvereinbarung und der späteren Kontoüberziehung geschlossen werden.

Diesen Erwägungen ist aus Rechtsgründen nicht entgegenzutreten.

Die Beklagte hat sich weiter darauf berufen, daß der Kläger dadurch, daß er die ihm zugegangenen Tagesauszüge der Bank, aus denen sich der jeweilige Stand des Kontos „K. M." ergeben habe, ohne Widerspruch gelassen habe, nach allgemeinen Grundsätzen, insbesondere aber nach den maßgebenden Geschäftsbedingungen, die Richtigkeit der Abrechnungen anerkannt habe und dadurch mit allen Einwendungen ausgeschlossen sei. Der Kläger macht demgegenüber geltend, daß er von den Tagesauszügen keine Kenntnis erhalten habe, weil Gr. sie jeweils aus der Tagespost herausgenommen und ihm vorenthalten habe. Das Berufungsgericht nimmt mit Recht an, daß der Kläger das in seinem Verhalten liegende stillschweigende Anerkenntnis gemäß § 812 Abs. 2 BGB. zurückfordern kann, wenn er den Nachweis führt, daß er tatsächlich eine Nichtschuld oder eine mit einer zerstörenden Einrede behaftete Schuld anerkannt habe. Diesen Nachweis hat er erbracht. Es kann demgegenüber nicht eingewendet werden, daß er durch sein Verhalten zugleich die Vollmachtsüberschreitungen des Gr. genehmigt und dadurch die ursprüngliche Nichtschuld in eine Schuld verwandelt habe. Dem kann der Kläger mit dem Hinweis begegnen, daß eine solche Genehmigung zwar dem äußeren Anschein nach, nicht aber in Wahrheit vorgelegen habe, da er den Inhalt der Tagesauszüge nicht kennen gelernt habe. Es bedarf daher keines Eingehens darauf, ob der Kläger der Beklagten, soweit sie sich auf die Geschäftsbedingungen beruft, den Einwand der allgemeinen Arglist entgegensetzen könnte. Wenn die Revision meint, daß die Kenntnis des Dr. Gr. dem Kläger gemäß § 166 BGB. zuzurechnen sei, weil er Postvollmacht besessen habe und also „insoweit" Vertreter des Klägers gewesen sei, so ist das abwegig. Die Postvollmacht ist ohne jede Bedeutung für das Rechtsverhältnis des Klägers und des Dr. Gr. gegenüber der Beklagten. Auch die Regeln über den sog. „Rechtsschein" der Vollmacht können hier nicht in Betracht kommen, da der Kläger eine ausdrückliche, bestimmt umgrenzte Vollmacht erteilt hat.

Nicht zu beanstanden sind die Ausführungen des Vorderrichters darüber, daß beide Parteien den durch die Veruntreuungen des Dr. Gr. entstandenen Schaden verursacht haben, und daß daher eine verhältnismäßige Verteilung eintreten müsse. Was die Beklagte betrifft, so mußte ihr klar sein, daß die Vollmacht des Dr. Gr. nicht die Befugnis in sich schloß, das Konto „K. M." zu überziehen und dadurch den Kläger zu verpflichten. Wenn sie keine Erwägungen darüber anstellte oder sich den Bedenken verschloß, so handelte sie mindestens fahrlässig. Dazu kommt, daß sie dem Kläger von dem sehr bedeutungsvollen Abkommen, durch das sie Dr. Gr. die Überziehung des Kontos „K. M." bis zur Höhe von 30 000 RM. gestattete, falls die anderen Konten des Klägers ein entsprechendes Guthaben aufwiesen, keine Kenntnis gegeben hat.

Der Kläger seinerseits hat die ihm obliegende Vertragspflicht, die Beklagte vor Schaden zu bewahren, dadurch schuldhaft verletzt, daß er jegliche Überwachung des Dr. Gr. unterlassen hat, obwohl er damit rechnen mußte, daß diese Unterlassung den Gr. zu Unregelmäßigkeiten anreizen, und die Beklagte dadurch Schaden erleiden könnte.

Wenn das Berufungsgericht bei Abwägung des beiderseitigen Verschuldens eine Belastung der Beklagten mit einem Teil des Schadens für gerechtfertigt hält, so ist dagegen vom Rechtsstandpunkt nichts einzuwenden.

Die Revision muß danach zurückgewiesen werden.

II. Teil.

Zum Begriff „Treu und Glauben".

1. Abschnitt.

Die Treupflicht der Bank.

Die der Bank mit dem Beginn der Geschäftsverbindung obliegende Sorgfaltspflicht (vgl. oben S. 1) kann mitunter eine Abwandlung erfahren mit der besonderen Betonung einer Treupflicht dem Kunden gegenüber. Es wird sich hierbei regelmäßig um Vorgänge handeln, die nicht unter die rein sachliche Tätigkeit der Bank fallen, bei der mit der „Sorgfalt eines ordentlichen Kaufmanns" zu verfahren ist, sondern die neben dieser sachlichen Sorgfalt noch ein ganz bestimmtes Verhalten der Bank — sei es ein Handeln oder ein Unterlassen — voraussetzen, ein Verhalten, das nicht, oder nicht ausschließlich, aus dem Gesichtspunkt der Sorgfalt eines ordentlichen Kaufmanns (§§ 347 HGB., 276 BGB.), sondern nach den Grundsätzen von Treu und Glauben (§ 242 BGB.) zu beurteilen ist. Die Grenzen mögen flüssig sein, zumal das Reichsgericht auch eine Verletzung der Treupflicht als allgemeine Vertragsverletzung nach § 276 BGB. behandelt, und weil andererseits jedes Vertragsverhältnis dem Grundsatz des § 242 BGB. selbstverständlich unterliegt. Immerhin betont die erste Bestimmung mehr sachliche, die zweite mehr allgemein moralische Momente. Daher werden die folgenden Entscheidungen, mag dies auch nicht immer unmittelbar zum Ausdruck kommen, weniger von dem Grundsatz der allgemeinen Sorgfaltspflicht als von dem über Treu und Glauben getragen.

Nr. 6. §§ 276, 242, 826 BGB.

Die Verletzung der Verschwiegenheitspflicht verpflichtet die Bank zum Schadensersatz.

RG. V. 5. Dezember 1934. BA. 34/326 = DJZ. 35/645 Nr. 117 = HRR. 1935 Nr. 662.

Vorbemerkung.

In dieser Entscheidung hat das Reichsgericht die Verschwiegenheitspflicht der Bank, das Bankgeheimnis, auf das zwischen Bank und Kunden bestehende besondere Vertrauensverhältnis, also die mit der Geschäftsverbindung begründete allgemeine Vertragsbeziehung (vgl. oben S. 1) gestützt. Das Bankgeheimnis wird zwar als das Interesse des einzelnen Kunden höheren allgemeinen Belangen — so besonders den steuerlichen Interessen des Staates — untergeordnet, grundsätzlich aber nicht den eigenen, selbst überwiegenden Interessen der Bank. Eine solche Ausnahme hält das Reichsgericht nur unter ganz besonderen Umständen für zulässig, und auch dann muß die Bank die beiderseitigen Interessen, die eigenen und die des Kunden, sorgfältig gegeneinander abwägen.

RG. V. 5. Dezember 1934. BA. 34/326 = DJZ. 35/645 Nr. 117 = HRR. 1935 Nr. 662.

Der Beklagte ist alleiniger Inhaber der Firma M., die die Verarbeitung von Asbest auf Grund von Patenten betreibt, die dem Beklagten erteilt sind.

Für die Klägerin ist zur Sicherung von Bankkrediten, die sie dem Beklagten gewährt hat, auf einer Anzahl diesem gehöriger Grundstücke eine Gesamtgrundschuld in Höhe von 100 000 RM. eingetragen. Nach ordnungsmäßiger Kündigung des Kredits und der Grundschuld begehrt die Klägerin mit der Klage Befriedigung wegen ihrer Grundschuld aus den belasteten Grundstücken.

Der Beklagte hat geltend gemacht, daß ihm gegen die Klägerin ein den Betrag der Grundschuld übersteigender Schadensersatzanspruch zustehe. Denn die Klägerin habe in Verletzung ihrer aus dem Vertragsverhältnis sich ergebenden Treupflichten und des Bankgeheimnisses der Firma Z., die mit ihm in schärfstem Wettbewerbskampf stehe, in einer Besprechung am 18. April 1932 Bilanzziffern aus einem Bericht zugänglich gemacht, den die Tr.-Aktiengesellschaft in Berlin über sein Unternehmen für die Klägerin im März 1932 erstattet hatte. Bei dieser Gelegenheit habe die Klägerin den Vertretern der Z. gegenüber ihre Absicht kundgegeben, demnächst den dem Beklagten eingeräumten Kredit sowie die Grundschuld zu kündigen und den Grundbesitz zur Zwangsversteigerung zu bringen, während sie den Beklagten über diese Absicht im unklaren gelassen, ihm sogar in den folgenden Monaten den Kredit wiederholt verlängert habe. Die Klägerin, die durch Aktienbesitz und Kredite an der Z. beteiligt sei, habe dieses getan, um zum Nachteile des Beklagten der Z. sein Werk in die Hände zu spielen. Die Z. sei infolge der von der Klägerin empfangenen Mitteilungen veranlaßt und instand gesetzt worden, den schon seit mehreren Jahren geführten Konkurrenzkampf zu verstärken, namentlich durch Verbreitung von Andeutungen, daß der Beklagte zur Ausführung von Aufträgen wegen der bevorstehenden Zwangsversteigerung nicht mehr imstande sei, und daß sein Werk demnächst der Z. angegliedert werde. Auch habe die Klägerin selbst, so behauptet der Beklagte weiter, Gerüchte ähnlichen Inhalts bei seinen Kunden und anderen verbreitet, um ihn zu schädigen. Weiterhin seien auf das Verhalten der Klägerin Pressenotizen zurückzuführen, die die Übernahme seines Werkes durch die Z. als bevorstehend hinstellten. Hierdurch sei ihm ein Schaden entstanden, der die Forderung der Klägerin an ihn bei weitem überschreite.

Die Klägerin hat das Vorbringen des Beklagten bestritten und folgendes vorgetragen: Aus dem im März 1932 erstatteten Bericht der Tr.-AG. habe sich ergeben, daß das Unternehmen des Beklagten schon damals nicht mehr lebensfähig gewesen sei. Hauptgläubigerin des Beklagten sei die Firma B. gewesen, die im Rang hinter der Grundschuld der Klägerin dinglich gesichert gewesen sei. Die Klägerin habe sich wegen der Übernahme einer Garantie für ihre Grundschuld an die genannte Firma gewandt, mit deren Vertreter am 8. April 1932 eine Besprechung stattgefunden habe. Bei dieser Gelegenheit sei von der Firma B. auf das Interesse der Z. für das Unternehmen des Beklagten hingewiesen worden. Mit den Aufsichtsratmitgliedern der letztgenannten Firma hätten die Inhaber der Firma B. in engster verwandtschaftlicher und wirtschaftlicher Beziehung gestanden. Bei der darauf mit den Vertretern der Z. am 18. April 1932 geführten Verhandlung sei von der Klägerin das Bankgeheimnis in jeder Beziehung gewahrt worden. Die Vertreter der Z. seien aber von der schlechten Lage des Unternehmens des Beklagten bereits unterrichtet gewesen, und zwar durch die Firma B. Die Klägerin hat ferner auf die unter den Parteien unstreitige Tatsache hingewiesen, daß der Beklagte selbst der Firma B. den Treuhandbericht am 27. April 1932 übergeben hat.

Zutreffend geht das Oberlandesgericht davon aus, daß für den Fall des Bestehens des von dem Beklagten geltend gemachten Schadensersatzanspruchs die Klage abzuweisen wäre.

Bei der Prüfung dieses Schadensersatzanspruchs verkennt das Oberlandesgericht offenbar nicht, daß objektiv seitens der Vertreter der Klägerin das Bankgeheimnis verletzt worden ist. *Zwischen der Bank und ihrem Kunden besteht ein besonderes Vertrauensverhältnis. Die Bank ist daher ihrem Kunden vertraglich zur Verschwiegenheit verpflichtet über ihren Geschäftsverkehr mit ihm und über alle Angelegenheiten, die aus diesem Anlaß zu ihrer Kenntnis gelangen.* Hierzu gehört auch der Umfang des dem Kunden gewährten Kredits und die von diesem hierfür gegebenen Sicherheiten, überhaupt alle Verhältnisse des Kunden, deren Bekanntwerden ihm nachteilig werden kann.

Vgl. RG. i. BA. 13/309; RG. 126/50 (52) = BA. 29/256.

Hiernach kann es keinem Zweifel unterliegen, daß an sich die Klägerin nicht befugt war, den Firmen B. und Z. Mitteilungen oder auch nur Andeutungen über die schlechte Vermögenslage der Firma des Beklagten und über die von der Klägerin beabsichtigten Maßnahmen hinsichtlich der Grundschuld zu machen. Selbst über das Bestehen dieser Grundschuld hatte sie Stillschweigen zu beobachten, sofern nicht die Firma B. als nacheingetragene Gläubigerin dieses Bestehen kannte.

Es kann sich nur fragen, ob die Klägerin von der Schweigepflicht aus einem besonderen Grunde befreit war. Das Oberlandesgericht prüft diese Frage im Zusammenhang mit der Frage des Verschuldens der Klägerin, beantwortet sie jedoch nicht abschließend, indem es zunächst ausführt, bei Würdigung der gesamten Sachlage könne es zweifelhaft sein, ob der Klägerin überhaupt ein schuldhaftes unrichtiges Verhalten zur Last gelegt werden müsse, während es schließlich sagt, der Standpunkt des Beklagten, in den Äußerungen der Vertreter der Klägerin sei ein erhebliches Verschulden zu erblicken, erscheine nicht zutreffend. Die besonderen Verhältnisse, die ihm das Verschulden der Klägerin zweifelhaft erscheinen lassen, erblickt das Oberlandesgericht darin, daß die Klägerin aus dem Prüfungsbericht der Treuhandgesellschaft die äußerst schwierige Lage des Unternehmens des Beklagten erkannt habe und mit Rücksicht auf ihre im Interesse der übrigen Kunden aufrechtzuerhaltende Liquidität darauf habe bedacht sein müssen, den dem Beklagten gewährten Kredit vor der Gefahr des „Einfrierens" zu bewahren.

Nun ist es richtig, daß das Bankgeheimnis seine Schranke findet, wo höhere Interessen der Allgemeinheit eine Offenbarung erheischen. Diese Voraussetzung war hier nicht gegeben. Ob die Bank unter Umständen auch dann von der Verschwiegenheitspflicht frei werden kann, wenn ein überwiegendes eigenes Interesse vorliegt, kann dahingestellt bleiben. Denn jedenfalls könnte dies nur ausnahmsweise beim Vorliegen ganz besonderer Umstände angenommen werden, und es bedürfte dann auf seiten der Bank einer pflichtmäßigen Berücksichtigung der beiderseitigen Interessen. Hieran fehlt es aber, wenn die Behauptungen des Beklagten zutreffen.

Zunächst hat das Oberlandesgericht jede Prüfung nach der Richtung hin unterlassen, ob die Klägerin nicht durch eine sofortige Kündigung der Grundschuld zu ihrem Ziel gelangt wäre. Es hätte sich mit der Behauptung des Beklagten auseinandersetzen müssen, daß er in diesem Falle mit Rücksicht auf die unzweifelhaft vorhandene Sicherheit der Grundschuld in der Lage gewesen wäre, von anderer Seite ein Darlehn zur Abdeckung der Schuld an die Klägerin aufzunehmen.

Wenn sodann das Oberlandesgericht in diesem Zusammenhang besonders betont, daß die Klägerin ja auch der Z. gegenüber ständig auf Abdeckung der dieser eingeräumten Kredite gedrängt habe, so ist dieser Hinweis nicht stichhaltig. Denn dem Beklagten gegenüber hat sich die Klägerin eben ganz anders verhalten. Sie hat ihm den Kredit wiederholt verlängert, aber ohne Wissen des Beklagten die Z.

auf das baldige zwangsweise Vorgehen gegen den Beklagten hingewiesen und, wie der Beklagte bisher unwiderlegt behauptet, die Z. auf die Möglichkeit des Erwerbs des Unternehmens des Beklagten aufmerksam gemacht und sie hierzu sogar durch Inaussichtstellen des Bestehenlassens des durch die Grundschuld gesicherten Kredits ermuntert. Ein derartiges Zusammenspiel mit der, wie die Klägerin unstreitig wußte, schärfsten Konkurrentin des Beklagten könnte aber als eine der Verschwiegenheitspflicht vorgehende berechtigte Wahrnehmung eigener Interessen keinesfalls angesehen werden. Daß dies auch den Vertretern der Klägerin, einer Großbank, bei Anwendung der erforderlichen Sorgfalt nicht entgehen durfte, unterliegt keinem Zweifel.

Falls also die vorerörterten Behauptungen des Beklagten zutreffen, lassen sich die von dem Oberlandesgericht gegen das Verschulden der Klägerin erhobenen Bedenken nicht aufrechterhalten.

Dazu kommt, daß der Beklagte behauptet hatte, die Klägerin habe sich selbst an dem von der Z. gegen ihn eingeleiteten Konkurrenzkampf beteiligt, indem sie Interessenten ungünstige Berichte über ihn gegeben und die bevorstehende Übernahme seines Werkes durch die Z. gerüchtweise verbreitet habe. Wenn das Oberlandesgericht darauf, daß der von dem Beklagten behauptete Zweck seiner Schädigung sich bei dem Vorgehen der Klägerin nicht habe erweisen lassen, besonderes Gewicht in dem Sinne legt, daß das sonstige Vorbringen des Beklagten hinsichtlich anderer schädigender Handlungen der Klägerin genau auf seine Schlüssigkeit zu prüfen sei, so lag es an sich nicht fern, daß der Beklagte aus der objektiv feststehenden Verletzung des Bankgeheimnisses durch die Klägerin ungünstige Schlüsse hinsichtlich deren Absichten zog. Im übrigen wäre für die vertragliche Haftung der Klägerin eine auf Schädigung des Beklagten gerichtete Absicht gar nicht erforderlich, bloße Fahrlässigkeit wäre ausreichend.

Nr. 7. §§ 276, 278, 242; 826, 31 BGB.

Ohne besonderen Auftrag ist eine Bank nicht verpflichtet, sich um den Verkauf bei ihr deponierter Wertpapiere zu bemühen, selbst wenn ihr die Verkaufsabsicht des Kunden bekannt ist.

Schadensersatzpflicht der Bank wegen Sittenverstoßes und Verletzung der Treupflicht, wenn ihr Vorstand gegen seine Überzeugung, um den Kunden zu schädigen, Kauflustigen vom Ankauf der als Sicherheit deponierten Papiere abrät.

RG. I. 9. Mai 1934. BA. 33/486.

Vorbemerkung.

Der Sachverhalt liegt hier ähnlich wie in der bereits oben (S. 12) dargestellten Entscheidung des I. Zivilsenats vom 29. September 1933.

In jenem Fall verletzte die Bank ihre Sorgfaltspflicht, indem sie den Kunden nicht auf die ihr bekannt gewordene, wesentliche Veränderung der Sachlage hinwies, so daß der vom Kunden längst beabsichtigte, rechtzeitige Verkauf der Papiere unterblieb.

Wie dort eine allgemeine Beratungspflicht des Bankiers bei dem Verkauf von Papieren des Kunden abgelehnt wurde, so gründet auch hier das Reichsgericht die Verurteilung der beklagten Bank nicht auf eine Verpflichtung, sich um den Verkauf der bei ihr auf Grund eines Kreditvertrages deponierten Papiere zu bemühen, und zwar nicht einmal dann, wenn ihr eine Verkaufsabsicht des Kunden bekannt ist. Die Bank darf aber nicht ohne sachliche Begründung und gegen ihre Überzeugung den Verkauf hintertreiben, indem sie Kauflustigen von dem Ankauf abrät. Damit verstößt sie nicht nur gegen die guten Sitten sondern auch gegen die ihr nach dem Kreditvertrage obliegende Treuepflicht.

Die Entscheidung hebt jedoch ausdrücklich hervor, daß die Bank zu einer objektiven, sachlichen Beratung von Kauflustigen — gegebenenfalls also auch gegen die Interessen des Depotkunden — nicht nur berechtigt, sondern sogar verpflichtet ist.

RG. I. 9. Mai 1934. BA. 33/486.

Der Kläger H., Fachmann auf dem Gebiete der Bodenbearbeitung und Sachverständiger für die Kultivierung von Ödland und Moorboden, war mit 77% des Kapitals an einer Moorkultur-Kraftpflug-Gesellschaft m. b. H. beteiligt, die im Jahre 1923 in eine „Aktiengesellschaft für Moorkultur" umgewandelt wurde. Zu Beginn des Jahres 1924 übergab er der Sparkasse des Landkreises T., deren Direktoren er bei der Gründung einer anderen Moor- und Ödland-Kultivierungs-AG. kennengelernt hatte, 50 Millionen nom. Aktien der erstgenannten AG. (Moorag). Die Sparkasse quittierte über den Empfang und übersandte ihm ein Scheckbuch, honorierte auch die von ihm auf die Sparkasse gezogenen Schecks bis zur Höhe von 27 000 RM., verweigerte dann aber weitere Einlösungen.

H. klagt jetzt gegen den Kreis T. als Rechtsträger der Sparkasse aus der früheren Geschäftsverbindung mit dieser den Teilbetrag von 10 000 RM. ein. In erster Linie stützt er seinen Anspruch auf den Kauf bzw. die Übernahme der fraglichen Aktien durch Selbsteintritt der Sparkasse als Kommissionärin; evtl. macht er geltend, die Sparkasse habe den Verkauf der Aktien als Verkaufskommissionärin schuldhaft unterlassen, sie habe sogar durch ihren Direktor S. kauflustige Dritte vor dem Ankauf gewarnt und dadurch ihre Treupflicht dem Kläger gegenüber verletzt, letzteres auch dann, wenn man nur einen Aufbewahrungsvertrag als zwischen den Parteien bestehend annähme. Außerdem sei ihm die Sparkasse schadensersatzpflichtig, weil sie mit der Verpflichtung zur Herausgabe der Aktien in Verzug gekommen sei; seinen wiederholten Aufforderungen zur

Auslieferung der Aktien sei sie nicht nachgekommen; dadurch sei der Kläger verhindert worden, die Papiere, solange sie noch einen Wert gehabt hätten, zu veräußern.

Das Landgericht hat die Klage abgewiesen und das Oberlandesgericht die Berufung des Klägers zurückgewiesen.

Das Reichsgericht hat jedoch das Urteil des Oberlandesgerichts auf die Revision des Klägers aufgehoben und die Sache zur anderweiten Verhandlung und Entscheidung an das Berufungsgericht zurückverwiesen.

Das Reichsgericht führt aus:

Durchgreifenden rechtlichen Bedenken unterliegt derjenige Teil der Urteilsbegründung, mit welcher eine Schadensersatzpflicht des Beklagten wegen der behaupteten Hintertreibung des Verkaufs von Moorag-Aktien abgelehnt wird.

Das Berufungsgericht hat ausgeführt:

Aus dem Depotvertrage könne nicht eine Treupflicht des Bankiers in dem Sinne gefolgert werden, daß er verpflichtet sei, Aktien, die bei ihm nur hinterlegt seien, kauflustigen Dritten gegenüber anzupreisen. Wenn ein Direktor der Kasse des Beklagten selbst aus persönlichen Gründen gegenüber dem Kläger, wie dieser meine, Dritten vom Kauf der Aktien abgeraten habe, so könne darin keine Verletzung der Treupflicht der Sparkasse oder der Vertreter des Beklagten liegen. Aus denselben Gründen habe aber auch in dem bloßen Abraten nicht ein außervertragliches Verschulden der Sparkasse oder der Vertreter des Beklagten im Sinne von den §§ 423 (gemeint ist § 823), 826 BGB. gelegen, für deren Voraussetzung auch sonst nichts vorliege.

Hierbei hat das Berufungsgericht zunächst außer acht gelassen, daß nach seiner eigenen Annahme nicht nur ein Depotvertrag, sondern auch ein Kreditvertrag zwischen den Parteien abgeschlossen war. Im übrigen ist an den Ausführungen soviel richtig, daß ein Bankier ohne besonderen Auftrag nicht die Verpflichtung hat, sich um den Verkauf von Papieren seiner Kunden zu bemühen, auch wenn er weiß, daß der Kunde den Verkauf beabsichtigt. Ferner ist er selbstverständlich auf Grund vertraglicher Beziehungen zu einem Kunden nicht behindert, sondern bleibt verpflichtet, Kauflustige hinsichtlich des Ankaufs von Papieren aus dem Besitze dieses Kunden sachgemäß zu beraten und ihnen gegebenenfalls vom Ankauf abzuraten.

Hier aber hat der Kläger behauptet, daß der Direktor S. von der Sparkasse aus persönlichen, also unsachlichen Gründen den Kauflustigen vom Erwerb der Moorag-Aktien abgeraten und so deren Absatz hintertrieben habe. Die Behauptung des Klägers geht nicht etwa nur dahin, daß S. aus persönlichen Beweggründen Ratschläge erteilt habe, von deren Richtigkeit er überzeugt war, sondern daß er ohne sachliche Unterlagen und gegen seine Überzeugung von dem Ankauf der Aktien abgeraten hat. Würde die Behauptung bewiesen, so würde ein Verhalten des S. dargetan sein, welches gegen die guten Sitten verstoßen und ihn zum Schadensersatz dem Kläger gegenüber verpflichten würde, falls er ihn vorsätzlich geschädigt hat; das letztere liegt nahe, da ja der Kläger den weitaus größten Teil der Moorag-Aktien besaß. Die Haftung der Sparkasse für diese unerlaubte Handlung könnte nach § 31 BGB. begründet sein.

Es würde aber auch eine Schadensersatzpflicht der Sparkasse auf Grund von § 278 BGB. in Frage kommen. Aus dem Kreditvertrag ergab sich für die Sparkasse die Treuepflicht, dem Kläger, ihrem Kunden, nicht die Grundlage der Deckung des ihm gewährten Kredites zu entziehen, indem sie den Verkauf der Effekten verhinderte, durch deren Erlös der Kredit gedeckt werden sollte. Gegen diese Treuepflicht würde S. möglicherweise als Erfüllungsgehilfe der Sparkasse verstoßen haben.

Durch die bisher gegebene Begründung des Berufungsgerichts wird daher die Zurückweisung dieses Schadensersatzanspruchs nicht getragen. Es muß das Urteil aufgehoben werden, damit der Sachverhalt insoweit unter den gegebenen Gesichtspunkten neu geprüft werde.

Nr. 8. §§ 667, 276, 242 BGB.

Die Sicherungsabtretung einer Forderung enthält einen Auftrag und begründet ein Treueverhältnis zwischen Zedent und Zessionar.

RG. VII. 16. März 1934. BA. 34/13.

Vorbemerkung.

In dieser Entscheidung stellt das Reichsgericht ausdrücklich zwar nicht neben die allgemeine Sorgfaltspflicht, aber doch neben die besondere Vertragspflicht der Bank als eines Beauftragten (§§ 662ff., insbesondere § 667 BGB.) eine Treupflicht auf Grund des § 242 BGB. Die Bank, der ein Dritter zur Sicherheit für einen von der Bank ihrem Kunden gewährten Kredit eine Forderung abgetreten hat, kann sich wohl wegen ihrer Ansprüche gegen den Kunden aus der abgetretenen Forderung befriedigen, sie darf einen etwa verbleibenden Überschuß aber nicht anderen Gläubigern des Kunden zu deren Befriedigung zu Verfügung stellen, wenn die Abtretung nur zu ihrer Sicherheit erfolgt war; sie muß die Sicherungsforderung viel-

mehr als Beauftragte des Dritten (§§ 662ff. BGB.) und nach dem Grundsatz von Treu und Glauben (§ 242 BGB.) verwalten und einen nach ihrer Befriedigung verbleibenden Rest an den Dritten zurückzahlen.

Hierbei ist besonders zu beachten, daß sich im vorliegenden Fall die Treuflicht der Bank nicht auf die Geschäftsverbindung mit dem Kunden beschränkt, also nicht allein diesem gegenüber besteht. Die Entscheidung bedeutet vielmehr im Ergebnis, daß vertragliche Beziehungen über den Kunden hinaus auch zu Dritten entstehen können, aus denen eine Treupflicht der Bank diesen gegenüber folgt. Die Rechtslage ist also hier ähnlich wie bei der Bürgschaft (vgl. unten S. 38), wo ebenfalls die Bank neben dem Schuldner, ihrem Kunden, noch zu einem Dritten, dem Bürgen, in ein Vertragsverhältnis tritt. Dabei braucht dieses Vertragsverhältnis nicht in dem Rahmen einer Geschäftsverbindung auch mit dem Dritten zu stehen, die für die Bank eine allgemeine Sorgfaltspflicht nach § 347 HGB. begründen würde (vgl. oben S. 1). Denn die der Bank hier dem Dritten gegenüber obliegende Treupflicht beruht jedenfalls auf dem mit diesem geschlossenen Einzelvertrage.

RG. VII. 16. März 1934. BA. 34/13.

Der Ehemann der Klägerin, Landwirt B. H., war Eigentümer des Lehngutes Str. Er schuldete der Wirtschaftlichen Kreisgenossenschaft in C. a. O. rund 12 500 RM. Die Kreisgenossenschaft trat diese Forderung an die Erstbeklagte ab. Diese erwirkte gegen den Schuldner einen vollstreckbaren Titel und betrieb die Zwangsvollstreckung in seine bewegliche Habe, an der die Klägerin Eigentumsrechte geltend machte. Auf dem Grundbesitz des Schuldners war für die Klägerin eine Hypothek von 25 000 GM. eingetragen. Mit Urkunde vom 30. Mai 1926 trat die Klägerin diese Hypothek an die Erstbeklagte ab, und zwar als Sicherheit für die Schulden ihres Ehemannes; die Abtretung wurde am 23. Juni 1926 in das Grundbuch eingetragen.

Der Grundbesitz des Schuldners kam im Jahre 1927 zur Zwangsversteigerung. Die an die Erstbeklagte abgetretene Hypothekenforderung wurde zu einem großen Teile ausgezahlt. Die Erstbeklagte erhielt aus dem auf die Hypothek entfallenden Erlösanteil vollständige Befriedigung wegen ihrer Forderung gegen H., die sie von der Wirtschaftlichen Kreisgenossenschaft in C. abgetreten erhalten hatte. Den Überschuß in Höhe von angeblich 14 244 RM. führte sie an die Zweitbeklagte ab, die an H. ebenfalls Forderungen hatte.

Die Klägerin hat von den beiden Beklagten als Gesamtschuldnern die Herauszahlung eines Teilbetrages von 12 000 RM. verlangt.

In beiden Vorinstanzen ist die Klage abgewiesen worden.

Mit der Revision verfolgt die Klägerin ihren Klageanspruch weiter, soweit er sich gegen die Erstbeklagte richtet.

Das Berufungsgericht beurteilt den Sachverhalt nur unter dem rechtlichen Gesichtspunkt der ungerechtfertigten Bereicherung und legt der Klägerin, auch soweit sich ihr Anspruch gegen die Erstbeklagte richtet, die Beweislast dafür auf, daß diese auf ihre Kosten etwas ohne rechtlichen Grund erlangt habe. Dies ist rechtsirrig. Denn hier besteht, wie der unstreitige, rechtlich von Amts wegen zu würdigende Sachverhalt ergibt, ein Vertragsverhältnis, nämlich das durch die Abtretung der Hypothek entstandene Rechtsverhältnis zwischen der Klägerin und der Erstbeklagten.

Hierdurch wurde nicht bloß diese in Ansehung der ihr abgetretenen Hypothek dinglich berechtigt, sondern es entstanden der Klägerin, weil die Sicherheitsabtretung die dingliche Erfüllung des zugrunde liegenden schuldrechtlichen Verpflichtungsgeschäfts darstellt, aus dem ihrerseits erfüllten Schuldverhältnisse auch schuldrechtliche Ansprüche gegenüber der Erstbeklagten. Der Abtretungsempfänger ist nämlich, wenn er volle Befriedigung erlangt hat, der Zweck der Sicherheitsabtretung also erreicht ist, schuldrechtlich verpflichtet, dem Abtretenden die abgetretene Forderung (Hypothek) zurückzuübertragen

RG. 95/244 (245); 102/385 (386)

oder den in seinen Besitz gelangten Erlösüberschuß, der zur Deckung der gesicherten Forderung nicht mehr benötigt wird, an ihn herauszuzahlen.

RG. 59/190 (192); 116/330 (332).

Nach ständiger Rechtsprechung des Reichsgerichts enthält die Abtretung einer Forderung zur Sicherheit einen Auftrag und begründet zwischen dem Abtretenden und dem Abtretungsgegner ein Treueverhältnis, das diesen nach Treu und Glauben in Verbindung mit den §§ 662 ff. BGB. verpflichtet, neben seinen eigenen Belangen auch die des Abtretenden wahrzunehmen.

RG. 59/190 (192); 76/345 (347); 116/330 (331).

Es bedarf deshalb nicht der Erörterung, ob in einem derartigen Falle auf das Verhältnis zwischen dem Abtretenden und dem Abtretungsempfänger die für die Verpfändung einer Hypothek geltenden Rechtssätze entsprechend anwendbar sind und ob deshalb, wie die Revision annimmt, die Vorschriften der §§ 1273, 1291, 1204, 1223, 1252 BGB. als verletzt bezeichnet werden könnten.

RG. 91/277 (279 f.); 92/280 ff.

Jedenfalls ist es fehlerhaft, den aus dem Innenverhältnis zwischen dem Abtretenden und dem Abtretungsempfänger sich ergebenden (bedingten) Rückgewähranspruch (§ 667 BGB.) den Rechtsregeln über die Herausgabe einer ungerechtfertigten Bereicherung (§§ 812ff. BGB.) zu unterstellen. Der Abtretende hat bei der gegebenen Sachlage nicht zu beweisen, daß der Gegner auf seine Kosten etwas ohne rechtlichen Grund erlangt habe. Vielmehr liegt ihm nur die Beweislast für die vollständige Tilgung der Forderung ob, zu deren Sicherheit die Hypothek abgetreten worden ist.

Wenn aber, wie nach der getroffenen Vereinbarung, die Abtretung der Hypothek zur Sicherheit der Abtretungsempfängerin hinsichtlich der Schulden einer bestimmten Person dienen soll, so versteht es sich beim Mangel einer erkennbar davon abweichenden Willensrichtung von selbst, daß damit nur solche Schulden gemeint sind, welche dem Schuldner dem zu sichernden Abtretungsempfänger gegenüber obliegen. Denn die Sicherungsabtretung geschieht in aller Regel im Interesse und zur Sicherung des Abtretungsempfängers.

RG. 102/385 (386).

Soll dieser darüber hinaus die Hypothek auch zur Sicherung der Ansprüche dritter Personen gegen den Schuldner zu verwenden berechtigt, also ermächtigt sein, den Erlös aus der Verwertung der Hypothek über den Betrag seiner eigenen Ansprüche hinaus an jene Dritten abzugewähren, so muß eine derart ungewöhnliche Ausdehnung der Befugnisse des Abtretungsempfängers besonders vereinbart und, daß dies — ausdrücklich oder stillschweigend — geschehen, von ihm dargetan werden, sofern nicht schon die Auslegung der Abtretungsurkunde im Hinblick auf den Zweck des Geschäfts und die Begleitumstände ohne Rücksicht auf die Beweislast eine entsprechende Feststellung des Parteiwillens ermöglicht.

Nr. 9. §§ 776; 242, 826 BGB.

Die Entlassung eines zahlungsfähigen Gesamtschuldners aus der Mithaft durch den Gläubiger ohne Rücksicht auf den Bürgen kann gegen Treu und Glauben verstoßen.

RG. VI. 19. November 1934. BA. 34/255.

Vorbemerkung.

Die Bürgschaft, ein Rechtsverhältnis von großer praktischer Bedeutung für den bankgeschäftlichen Verkehr, stellt namentlich zwischen dem Gläubiger, also meist der Bank, und dem Bürgen Beziehungen her, die sich häufig nur über den Einzelbestimmungen der §§ 765ff. BGB., nach dem allgemeinen Grundsatz von Treu und Glauben mit einem befriedigenden Ergebnis beurteilen lassen. So stellt das Reichsgericht im vorliegenden Fall — im Gegensatz zu den Vorinstanzen und offensichtlich über den Rahmen des § 776 BGB. hinausgehend — eine Treupflicht der Gläubigerbank dem Bürgen gegenüber fest, bei deren Verletzung dem Bürgen gegen die Zahlungsverpflichtung ein Einwand aus den §§ 242, 826 BGB. erwächst.

Dabei kam es hier auf die zwischen der Bank und dem Bürgen noch neben dem Bürgschaftsverhältnis bestehende Geschäftsverbindung nicht einmal an. Denn nicht aus der Geschäftsverbindung und der damit gegebenen allgemeinen Sorgfaltspflicht der Bank (vgl. oben S. 1) folgert das Reichsgericht auch eine Treupflicht derselben gegenüber dem Bürgen. Diese Pflicht entspringt vielmehr schon dem Bürgschaftsverhältnis selbst, also einem Vertrage, der auch zwischen der Gläubigerbank und dem Bürgen als einem — im Gegensatz zum Kunden — fremden Dritten, außerhalb einer Geschäftsverbindung, bestehen kann.

Der VI. Zivilsenat hat diese Linie in seiner Entscheidung vom 12. Dezember 1935 (HRR. 1936 Nr. 396) weiterverfolgt.

Dort hatte der Beklagte im Jahre 1933 den schuldnerischen Eheleuten Sch. ein Darlehn von 15000 RM gegeben gegen Abtretung von $1^1/_2$% einer angeblich den Schuldnern aus Australien angefallenen sehr großen Erbschaft. Im Oktober 1933 stellte der Beklagte durch eine Auskunft fest, daß die Erbschaft der Eheleute Sch. ein Schwindel sei. Er vereinbarte daher mit ihnen die sofortige Rückzahlung des Darlehns. Der Beklagte schickte demgemäß seine Privatsekretärin zwecks Empfangnahme der Darlehnssumme zu den Schuldnern. Diese traf die Schuldner im Hause des Klägers an.

Die Schuldner hatten dem Kläger schon im Jahre 1931 von der australischen Erbschaft erzählt. Im Hinblick hierauf überredeten sie ihn nun dazu, für die Darlehnsschuld gegenüber dem Beklagten die selbstschuldnerische Bürgschaft zu übernehmen. In einer notariellen und vollstreckbaren Urkunde verpflichteten sich die Schuldner alsdann zur Rückzahlung des Darlehns bis zum 8. Dezember 1933, während der Kläger hierfür die selbstschuldnerische Bürgschaft übernahm.

Die Vollstreckungsgegenklage des Klägers — gestützt auf Betrug durch die Eheleute Sch. unter Mitwissen des Beklagten sowie auf Wucher hinsichtlich des Darlehnsvertrages zwischen jenen — wurde in allen drei Instanzen abgewiesen:

Der Beklagte habe den Darlehnsvertrag mit den Eheleuten Sch. nicht wegen arglistiger Täuschung angefochten. Die Voraussetzungen des Wuchers seien nicht gegeben. Der Beklagte habe schließlich auch nicht dadurch gegen Treu und Glauben verstoßen, daß er seine Kenntnis von der schwindelhaften Millionenerbschaft dem Kläger verschwiegen habe. Es habe insoweit keine Offenbarungspflicht des Beklagten bestanden. Auch sei ein ursächlicher Zusammenhang zwischen dem Verhalten des Beklagten und der Bürgschaftsübernahme durch den Kläger nicht gegeben. Der Gläubiger sei grundsätzlich nicht verpflichtet, den in Aussicht genommenen Bürgen über die Vermögensverhältnisse des Hauptschuldners aufzuklären. Allerdings müsse er dem Bürgen gegenüber die Grundsätze von Treu und Glauben wahren; er dürfe ihm also insbesondere keine unwahren Angaben machen.

Hier sei der Bürgschaftsvertrag aber ursprünglich zwischen dem Kläger und den Schuldnern geschlossen worden. Der Beklagte habe mit dem Kläger vor Übernahme der Bürgschaft nie verhandelt, er sei auch über die Beweggründe des Klägers hierbei nicht unterrichtet gewesen. Schließlich habe er nicht einmal mit Bestimmtheit gewußt, ob die Erbschaft tatsächlich nicht bestand, und ob es sich dieserhalb um eine arglistige Täuschung seitens der Eheleute Sch. handelte. Der Beklagte habe daher bei seiner unklaren Stellungnahme, wie sie vom Berufungsgericht festgestellt worden sei, nicht fahrlässig gehandelt.

RG. VI. 19. November 1934. BA. 34/255.

Der Kläger übernahm durch schriftliche Erklärung vom 27. Dezember 1925 für alle bestehenden und zukünftigen Forderungen der Beklagten gegen die offene Handelsgesellschaft H. G. in M. selbstschuldnerische Bürgschaft bis zum Betrage von 75 000 RM. und bis zum 30. Juni 1926. Gesellschafter der Schuldnerin waren die Witwe G. und der Kaufmann T. Dieser übermittelte die Bürgschaftserklärung des Klägers an die Beklagte mit einem Begleitschreiben, worin der Kläger erklärte, daß er die Bürgschaft für T. übernehme, sobald gewisse, namentlich aufgeführte Wertpapiere in ein Depot des Klägers bei der Beklagten eingeliefert sein würden. Die Beklagte nahm die Erklärung mit Schreiben vom 30. Dezember 1925 an und bestätigte gleichzeitig den Eingang der Wertpapiere.

Mit Schreiben vom 21. April 1926 entließ die Beklagte die Witwe G. aus der persönlichen Haftung für die Verbindlichkeiten der Firma. Alsdann nahm sie den Kläger vor dem 30. Juni 1926 aus seiner Bürgschaft in Anspruch. Zunächst wurde sein Konto bei ihr mit 75 000 RM. belastet, später bezahlte er den Betrag. Er versuchte, sich an der Witwe G. und an T. schadlos zu halten, wurde aber mit seiner Klage gegen jene rechtskräftig abgewiesen. T. wurde zwar durch rechtskräftiges Versäumnisurteil verurteilt, ist aber vermögenslos, die Sicherheit ist entwertet.

Der Kläger verlangt Erstattung seiner Leistung, weil die Beklagte ihm gegenüber nicht berechtigt gewesen sei, die allein zahlungsfähige Gesellschafterin G. aus der Haftung zu entlassen, und weil sie von Anfang an gegen ihn arglistig gehandelt habe.

Die Beklagte meint, sie sei sowohl nach dem Gesetz als auch nach dem Inhalt des Bürgerschaftsscheins berechtigt gewesen, die Witwe G. aus der Haftung zu entlassen. Sie bestreitet jegliche Arglist und wendet ein, daß der Kläger schon nach seinen Saldoanerkenntnissen, die er in Kenntnis der Haftentlassung abgegeben, nichts mehr zu beanspruchen habe.

Beide Vorinstanzen haben die Klage abgewiesen. Mit der Revision verfolgt der Kläger seinen Klageanspruch weiter.

Das Berufungsgericht erörtert größtenteils die Frage, ob der Beklagten bei der Begründung der Bürgschaft Arglist zur Last falle. In dieser Hinsicht hält es den Beweis nicht für erbracht. Es hält nicht einmal für bewiesen, daß T. und die Beklagte damals schon mit dem Ausscheiden der Frau G. fest gerechnet hätten. Das Berufungsgericht spricht dabei von einem Ausscheiden aus der Firma. Gemeint ist aber wohl auch das Ausscheiden aus der Haftung für die Hauptschuld, das nach der Feststellung des Berufungsgerichts von T. damit in Verbindung gebracht wurde.

Hierzu bemerkt die Revision mit Recht, daß es bisher an einer klaren Feststellung fehlt, ob Frau G. überhaupt aus der Firma ausgeschieden ist. Im Tatbestand des Berufungsurteils ist das zwar als unstreitig angenommen worden. Der Kläger hatte aber behauptet, Frau G. sei bis zum Erlöschen der Firma (30. September 1926) Gesellschafterin geblieben. Für die Revisionsinstanz muß diese Behauptung des Klägers als richtig unterstellt werden. Dann wäre Frau G. also von der Beklagten aus ihrer persönlichen Haftung entlassen worden, wiewohl sie noch Gesellschafterin blieb. Hält nun das Berufungsgericht nicht für bewiesen, daß mit dieser Entlassung schon zur Zeit der Bürgschaftsübernahme fest gerechnet worden sei, so ist nicht zu beanstanden, daß es die Beklagte nicht für verpflichtet gehalten hat, von sich aus den Kläger über eine solche Möglichkeit vor der Bürgschaftsübernahme aufzuklären. Die von der Revision angegriffenen Ausführungen darüber, daß der Beklagten nicht einmal Fahrlässigkeit vorzuwerfen sei, wenn sie es T. überlassen habe, den Kläger seinerseits zu unterrichten, betreffen nur den Fall, daß das Ausscheiden der Frau G. fest geplant war. Ob diesen Ausführungen in Anbetracht der Geschäftsverbindung der Parteien Bedenken entgegenstehen, bedarf keiner Untersuchung, da das Berufungsgericht nicht für bewiesen hält, daß schon ein fester Plan bestanden habe. Mangels eines festen Plans konnte die Beklagte die Aufklärung des Klägers jedenfalls dem Schuldner T. ohne Fahrlässigkeit überlassen.

Weiter hält das Berufungsgericht für unbewiesen, daß die Beklagte den Kläger vor der Bürgschaftsübernahme auf die guten Vermögensverhältnisse der Frau G. hingewiesen, oder daß sie die Vermögensverhältnisse des T. schon damals für so ungünstig gehalten habe, als sie sich später herausstellten. Alles dies sind tatsächliche Erwägungen, die mit der Revision nicht angegriffen werden können. Die Beweislast ist dabei nicht verkannt worden; der Kläger ist für eine Arglist der Beklagten beweispflichtig, und diesen Beweis hält das Berufungsgericht für den Zeitpunkt der Bürgschaftsübernahme ohne Rechtsirrtum nicht für geführt.

Damit ist aber noch nicht die Frage beantwortet, ob die Beklagte die Witwe G. ohne Rücksicht auf den Kläger aus der persönlichen Haftung entlassen durfte.

Mit dieser Frage befaßt sich das Berufungsgericht nur kurz. Es sagt im Anfang der Entscheidungsgründe, die Klage lasse sich nicht auf § 776 BGB. stützen, andrerseits seien die Klauseln des Bürgschaftsscheins nicht dahin auszulegen, daß die Beklagte daraus das Recht herleiten könne, einen von mehreren Gesamtschuldnern ohne Rücksicht auf den Bürgen freizulassen. Das Berufungsgericht hat also angenommen, daß dem Gläubiger dieses Recht gegen den Bürgen schon kraft Gesetzes zustehe.

Daran ist soviel richtig, daß weder § 766 noch § 774 BGB. dem Bürgen einen Einwand gibt, wenn der Gläubiger einen der Gesamtschuldner, die für die Hauptschuld haften, aus der Haftung entläßt. Das ist vom Reichsgericht in der Entscheidung vom 10. März 1913 — VI. 238/12 —, teilweise abgedruckt in Warn. Rspr. 1913 Nr. 286, rechtsgrundsätzlich ausgesprochen worden und steht mit der *Grundauffassung des Bürgerlichen Gesetzbuchs, daß die Bürgschaft dem Gläubiger Rechte gibt, aber keine Pflichten auferlegt*, in Einklang.

Vgl. Flad in LZ. 1918 Sp. 542 ff.; Planck § 776 Erl. 2a; RGRK. § 776 Anm. 1, 2.

Die Mithaft eines Gesamtschuldners gehört nicht zu den in § 776 BGB. aufgezählten Sicherheiten, durch deren Aufgabe der Gläubiger sich dem Bürgen gegenüber schadenersatzpflichtig macht.

Daraus folgt aber nicht, daß es dem Gläubiger unter allen Umständen freistände, einen zahlungsfähigen Gesamtschuldner ohne Rücksicht auf den Bürgen aus der Haftung zu entlassen. Denn zunächst ist es, wie die Revision mit Recht geltend macht, eine Frage der Vertragsauslegung (§§ 133, 157 BGB.), ob die Bürgschaft nicht überhaupt unter der Bedingung übernommen worden ist, daß die Haftung sämtlicher Gesamtschuldner der Hauptschuld fortbestehe. Dagegen könnte hier vielleicht angeführt werden, daß der Kläger in seinem Begleitschreiben vom 27. Dezember 1925 nur T. als Hauptschuldner bezeichnet hat, wiewohl in dem Bürgschaftsschein selbst die Firma als Hauptschuldnerin benannt war. Ob aber dieser Umstand für die Auslegung entscheidende Bedeutung hat, ist bisher nicht geprüft worden; das Berufungsgericht befaßt sich mit der Auslegung nur insoweit, als es ohne Irrtum annimmt, daß die Bestimmungen des Bürgschaftsscheins der Beklagten kein *besonders vereinbartes* Recht zur Entlassung der Frau G. gegeben hätten.

Aber auch wenn die Auslegung keinen Anhalt dafür gibt, daß die Bürgschaft unter der Bedingung der Weiterhaftung sämtlicher Hauptschuldner übernommen worden ist, so bleibt doch noch zu prüfen, ob die Entlassung zu Recht geschehen ist. Der Grundsatz, daß die Bürgschaft dem Gläubiger nur Rechte gibt, darf nicht dazu führen, daß er dem Bürgen in einer gegen Treu und Glauben oder gar gegen die guten Sitten verstoßenden Weise Schaden zufügt. Darauf ist schon in der oben genannten Entscheidung hingewiesen worden.

Vgl. auch Flad LZ. 1918 Sp. 543, 548; RG. 143/123.

Ein solcher Verstoß würde dem Bürgen einen Einwand geben (§§ 242, 826 BGB.), den er der Bürgschaftsforderung entgegensetzen kann.

Im vorliegenden Fall ist Frau G. aus der Mithaftung entlassen worden, obgleich die Beklagte mit T. nach den Feststellungen des Berufungsgerichts schon scharfe Auseinandersetzungen gehabt und allem Anschein nach in seine Vermögenslage klareren Einblick gewonnen hatte, als es vielleicht zur Zeit der Bürgschaftsübernahme des Klägers der Fall gewesen war. Mit Recht vermißt die Revision eine Prüfung, ob die Beklagte unter diesen Umständen ohne Rücksicht auf den Kläger Frau G. entlassen durfte. Bisher hat das Berufungsgericht nicht einmal aufgeklärt, was die Beklagte zu diesem auffallenden Schritt überhaupt bewogen hat. Hätte sie wirklich angenommen, Frau G. wolle aus der Firma ausscheiden und T. wolle sich mit ihr auseinandersetzen, so gäbe das noch keine verständliche Erklärung dafür, warum sie auf die Weiterhaftung der Frau G. verzichtete. Dies sowie die näheren Umstände der Entlassung bedürfen eingehender Prüfung.

2. Abschnitt.

Währungsforderungen und Währungsverfall.

Die „Abwertung" zahlreicher ausländischer Währungen stellte auch die deutsche Rechtsprechung bei der Behandlung von Vertragsverhältnissen vor ein schwieriges Problem, dessen Lösung in Ermangelung einer näheren gesetzlichen Grundlage in den allgemeinen Rechtssätzen des Bürgerlichen Gesetzbuchs über die Auslegung von Verträgen (§§ 133, 157) und über die Bewirkung der Vertragsleistung (§ 242) gefunden werden mußte, also in den Grundsätzen von Treu und Glauben. Der Grund, weshalb der Verfall ausländischer Währungen auch in zahlreiche deutsche Rechtsverhältnisse spürbar eingriff, lag in folgendem:

Die sog. Inflationszeit, die Deutschland bis zum Ende des Jahres 1923 erleben mußte, ließ auch noch lange nach der Stabilisierung der Währung in den weitesten deutschen Wirtschaftskreisen kein rechtes Vertrauen in den Bestand der Reichsmark aufkommen. So war und ist es nicht nur üblich, Immobiliarkredite, insbesondere bei der Bestellung von Hypotheken und Grundschulden, unter Vereinbarung einer Goldklausel zu gewähren, sondern es wurden auch andere Darlehns- und sonstige Forderungen, vor allem Kaufpreisforderungen, auf Goldbasis oder — was hier besonders in Frage steht — in einer ausländischen Währung begründet. Dies kam selbst dann häufig vor, wenn beide Vertragsparteien Deutsche waren und auch im Inland ihren Wohnsitz hatten, wenn also andere Gründe für solche Maßnahmen als mangelndes Vertrauen zur Reichswährung nicht ersichtlich waren.

Die erste Schwierigkeit bei der Abwicklung solcher Verträge auf der Grundlage einer ausländischen Währung stellte sich mit der deutschen Devisengesetzgebung ein, die der Julikrise des Jahres 1931 entsprang, und die insbesondere den Verkehr mit ausländischen Zahlungsmitteln weitgehenden Beschränkungen unterwarf. In erster Linie wurde damit die „effektive" Erfüllung von Forderungen in ausländischer Währung auch unter Inländern an die Genehmigung der Devisenstelle geknüpft und praktisch in der Regel unterbunden. Da dem deutschen Gläubiger einer Devisenforderung aber meist gar nicht an der Erlangung ausländischer Zahlungsmittel, sondern nur an der Wertbeständigkeit seiner Forderung gelegen war, so wurde sein Interesse nicht nennenswert berührt, wenn er statt der vereinbarten Zahlung in beispielsweise englischen Pfund eine solche in Reichsmark erhielt, solange nur das bei Vertragsabschluß vorhanden gewesene Verhältnis zwischen dem Wert des Pfundes und dem der Reichsmark das gleiche blieb, sich jedenfalls aber nicht zuungunsten des Pfundes verschob.

Das englische Pfund Sterling und der nordamerikanische Dollar erschienen den deutschen Gläubigern für die Sicherung der Wertbeständigkeit ihrer Forderungen als besonders vertrauenswürdig. Diese Erwartungen wurden jedoch enttäuscht mit der Loslösung des Pfundes und des Dollars von ihrer Goldbasis und dem Rückgang dieser — und anderer — Währungen auf etwa $^2/_3$ ihres bisherigen Goldwertes seit dem Jahre 1931. Hieraus ergaben sich bei den Verhältnissen in Deutschland, wie sie oben kurz angedeutet wurden, auch für zahlreiche rein innerdeutsche Rechtsverhältnisse mancherlei Zweifelsfragen, die letztlich immer zu der Frage führten: Ist in dem betreffenden Einzelfall die Forderung des Gläubigers nach dem ursprünglichen Goldwert der ausländischen Währung, also entsprechend dem gleichgebliebenen Reichsmarkkurs zu bemessen, muß der Schuldner somit bei Zahlung in Reichsmark die Zahlung nach dem früheren Goldwert der ausländischen Währung leisten, oder genügt zur Erfüllung eine Zahlung in Reichsmark entsprechend dem abgewerteten Kurs der fremden Währung. In ihrem Kernpunkt geht die Frage also dahin, ob der Entwertungsverlust vom Gläubiger oder vom Schuldner zu tragen ist. Die Lösung dieser Frage durch das Reichsgericht ist im folgenden Abschnitt dargestellt.

Der Ausgangspunkt ist die Vertragsauslegung dahin, ob die Parteien für die Bemessung der Leistung lediglich eine fremde Währung als solche oder aber darüber hinaus diese Währung auch auf einer bestimmten Goldbasis vereinbart haben. Im ersten Falle handelt es sich um eine in fremder Währung ausgedrückte Geldschuld, im zweiten dagegen um eine Goldwertschuld. Während sich die Geldschuld nach dem jeweiligen Kurs der Währung richtet, also auch einer etwaigen Entwertung folgt, verpflichtet die Goldwertschuld den Schuldner zu einer Erfüllung nach dem Goldwert, der der Währung beim Vertragsabschluß zugrunde lag; hier ist also eine spätere Entwertung der Währung unbeachtlich.

Nr. 10. §§ 133, 157, 242 BGB.

Pfundentwertung bei Darlehnsverträgen. Ansprüche in ausländischer Währung sind grundsätzlich nicht aufzuwerten.

RG. VI. 28. Juni 1934. BA. 34/12 = RG. 145/51 [1]).

Vorbemerkung.

Hier handelte es sich um die Gewährung eines Darlehns in englischen Pfund. Der (deutsche) Gläubiger hatte bei Darlehnshingabe auf dieser Währung bestanden, weil — wie der gleiche Senat des Reichsgerichts in einem entgegengesetzten Falle (Urteil vom 12. November 1934. BA. 34/163/165) ausgesprochen hat — er der deutschen Währung nicht traute und sich ausgesprochenermaßen auf diese überhaupt nicht einlassen wollte.

Wird nämlich eine Schuld ausschließlich in ausländischer Währung begründet, so gilt für die Rückzahlung der § 244 BGB.

[1]) Vgl. hierzu die Entscheidung II. Instanz des OLG. Kiel, 30. November 1933. BA. 33/192.

Da die effektive Rückzahlung in der betreffenden Währung mit Rücksicht auf die deutschen Devisengesetze z. Z. regelmäßig praktisch ausgeschlossen sein wird, findet insoweit die Umrechnung in Reichsmark gemäß § 244 Abs.2 BGB. statt. Der Gläubiger muß also ein etwaiges Absinken der vereinbarten Währung, auf die er mehr als auf die Reichsmark vertraut hatte, gegen sich gelten lassen. Er kann sich nicht darauf berufen, die fremde Währung nur zu seinem Schutz gegen etwaige Entwertungsverluste bei der Reichsmark vereinbart zu haben.

Der sechste Zivilsenat des Reichsgerichts entschied — durch Urteil vom 28 Oktober 1935 (HRR. 1936 Nr. 5) — einen gleichliegenden Fall, wo ebenfalls der Darlehnsgläubiger die Rückzahlung des Darlehns in englischen Pfund als besonders wertbeständig und vertrauenswürdiger als Reichsmark gewünscht und vereinbart hatte. Auch hier ließ das Reichsgericht es bei der Zahlung des Darlehnsschuldners zum Umrechnungskurs des entwerteten Pfundes bewenden und hob hervor, daß mit der Vereinbarung einer fremden Währung noch keine Wertbeständigkeit vereinbart werde.

Ist dagegen eine Reichsmarkschuld begründet worden, so kann sich der Schuldner auf eine im Vertrag enthaltene Dollarklausel nicht berufen. In einem solchen Falle — RG. VII. 23. Oktober 1934. BA. 34/162. — hatte der Kläger als Gläubiger mit den Beklagten im Jahre 1930 einen gerichtlichen Vergleich geschlossen, wonach die Beklagten 200000 RM. in bestimmten Raten zahlen sollten. Weiter wurde vereinbart: „Eine Reichsmark versteht sich zu $^{10}/_{42}$ USA Dollar auf Grund des Mittelkurses an der Berliner Börse".

Die Beklagten hatten seit dem Sinken des Dollarkurses den jeweiligen Kursunterschied in Abzug gebracht, wogegen der Kläger die volle Reichsmarkzahlung verlangte.

Das Reichsgericht stellte hier die Verpflichtung der Beklagten zu der vom Kläger beanspruchten Zahlung in Reichsmark fest und führte aus: „Auf die Dollarklausel, die ... hier nur zur Sicherung des Gläubigers in das Vertragsverhältnis aufgenommen ist und nur für den Fall des Wertrückgangs der Reichsmark praktisch werden sollte, können sich die Beklagten als Schuldner überhaupt nicht berufen."

Das Reichsgericht sah weiter in der Auslegung, wonach in diesem Falle unter dem Dollar der Golddollar zu verstehen war, keinen Rechtsverstoß, insbesondere keinen solchen gegen Treu und Glauben mit Rücksicht auf die Verkehrssitte; „denn während und nach der Inflation war es im deutschen Geldverkehr allgemein üblich und wurde es gebilligt, sich gegen nochmalige Entwertung der deutschen Währung durch Verschaffung wertbeständiger Forderungen zu sichern ...".

Das Reichsgericht stellt es also auf den Vertragswillen der Parteien ab. Hat der Gläubiger die Begründung seiner Forderung ausschließlich in fremder Währung gewollt und vereinbart, so muß er ein späteres Absinken dieser Währung in Kauf nehmen, mag er auch das Gegenteil, nämlich seinen Schutz vor Entwertung beabsichtigt haben. Ein anderes gilt nur für die Vereinbarung der Goldklausel (vgl.

hierüber unten S. 51ff.). Andererseits ist bei einer Reichsmarkforderung mit Fremdwährungsklausel (z. B. 1 RM. = $^{10}/_{42}$ nordamerik. Dollar) eine Entwertung der fremden Währung unbeachtlich, solange der Stand der Reichsmark unverändert ist; hier muß der Schuldner die volle Reichsmarkforderung tilgen.

Das spekulative Moment derartiger Währungsvereinbarungen bleibt also nach der Auslegung des Reichsgerichts unberührt.

RG. IV. 28. Juni 1934. BA. 34/12 = RG. 145/51.

Der Kläger hat der beklagten Genossenschaft in den Jahren 1926 bis 1928 Darlehn von 2250 englischen Pfund gegeben. Im Anschluß an die Zahlung des ersten Betrages von 1000 £ bestätigte die Beklagte in einem Schreiben vom 1. März 1926 den Empfang und bemerkte dabei, daß die Zinsen vierteljährlich in englischem Geld zu zahlen seien. Im Antwortschreiben vom 2. März 1926 bemerkte der Kläger, daß auch das Kapital in englischer Währung zurückzuzahlen sei. Dem hat die Beklagte nicht widersprochen. Die Zinsen sind zunächst in englischer Währung, später in Reichsmark unter Umrechnung des Kurses für den Fälligkeitstag gezahlt worden. In einem früheren Rechtsstreit, der vor dem Amtsgericht und Landgericht stattgefunden hat, hat der Kläger an Zinsen den Unterschiedsbetrag gegenüber der Berechnung des Pfundes zu 20,40 RM. verlangt. Die Klage ist vom Landgericht in der Berufungsinstanz abgewiesen worden. Darauf hat der Kläger das Kapital gekündigt. Es wurde mit einem Teilbetrage von 950 £ am 1. Februar 1933 und mit 1300 £ am 1. April 1933 fällig.

Der Kläger verlangt im vorliegenden Rechtsstreit Rückzahlung der Darlehn in Reichsmark unter Umrechnung des Pfundes zu einem Kurse von 20,40 RM., und zwar 19 380 RM. nebst 6. v. H. Zinsen seit dem 1. Februar 1933 und 26 520 RM. nebst 6 v. H. Zinsen seit dem 1. April 1933. Er begründet sein Verlangen auf Zahlung in Reichsmark damit, daß der Beklagten auf Grund der Devisengesetzgebung die Zahlung in englischen Pfunden nicht möglich sei, und den Anspruch auf Zahlung zum Kurse von 20,40 RM. in folgender Weise: Bei Hingabe des ersten Darlehns sei zwischen den Parteien ausdrücklich Vertragsgegenstand geworden, daß der Kläger keine Kursverluste erleiden solle. Das Darlehn sei gerade deshalb in englischen Pfunden gegeben worden, weil derzeit die allgemeine Auffassung bestanden habe, daß die Entwertung des englischen Pfundes unmöglich sei. Deshalb müsse die Beklagte den Geldwert der damals hingegebenen englischen Pfunde zurückzahlen.

Während das Landgericht die Beklagte, abgesehen von der Zinszahlung, verurteilte, an den Kläger den Betrag in deutscher Währung zu zahlen, der nach dem Kurse des Zahlungstages 2250 englischen Pfunden entspricht und die Mehrforderung abwies, erkannte das Berufungsgericht dahin:

Die Beklagte wird verurteilt, an den Kläger 950 englische Pfund nebst 6 v. H. Zinsen seit dem 1. Februar 1933 und 1300 englische Pfund nebst 6 v. H. Zinsen seit dem 1. April 1933 zu zahlen und zwar beide Beträge in deutscher Währung zum Kurse vom 1. Februar 1933 (hinsichtlich des ersten Betrages) bzw. 1. April 1933 (hinsichtlich des zweiten Betrages), hinsichtlich aller Beträge jedoch zum Kurse des Zahlungstages, falls dieser Kurs ein höherer ist. Im übrigen wird die Berufung des Klägers zurückgewiesen.

Gegen dieses Urteil wendet sich die Revision des Klägers. Er verfolgt seinen in der Berufungsinstanz gestellten Antrag weiter und beantragt Aufhebung des Berufungsurteils insoweit, als zu seinem Nachteil erkannt ist. Die Beklagte bittet um Zurückweisung der Revision.

Das Berufungsgericht geht ohne Rechtsirrtum davon aus, daß für die Rechtsbeziehungen der Parteien deutsches Recht anzuwenden ist, da sie Inländer sind und im Inland ihren Wohnsitz haben, das Rechtsgeschäft auch in Deutschland abgeschlossen und zu erfüllen ist. Es würdigt den Schriftwechsel, der zwischen den Parteien nach Abweisung der Klage des vorausgegangenen Rechtsstreits stattgefunden hat, dahin, daß die Parteien darüber einig geworden sind, die Beklagte solle den — nach § 607 BGB. in englischen Pfund zurückzuerstattenden — Schuldbetrag nicht in englischen Pfunden effektiv, sondern in Reichsmark zahlen, und zwar zunächst zu dem am Zahlungstage geltenden Kurse, und wegen des Unterschiedes zwischen dem Tageskurse und dem Kurse von 20,40 RM. solle eine gerichtliche Auseinandersetzung stattfinden. Außerdem nimmt das Berufungsgericht aber auch an, daß die Beklagte auf Grund der Gestaltung der deutschen Devisengesetzgebung zur effektiven Zahlung in englischen Pfunden unvermögend im Sinne der §§ 275, 279 BGB. geworden sei. Ein Rechtsirrtum des Berufungsgerichts ist nach diesen Richtungen hin nicht zu erkennen.

Es handelt sich in der Revisionsinstanz allein um die Frage, ob der Umrechnung des nach dem Darlehnsvertrage zurückzugebenden Pfundbetrages in Reichsmark der Betrag zugrunde zu legen ist, der bei dem Erwerb des Pfundbetrages an den Fälligkeitstagen des Darlehns hätte aufgewendet werden müssen, oder ob die Beklagte die Folge des Sinkens des Pfundkurses seit der Hingabe der Darlehn auf sich zu nehmen hat. Das Berufungsgericht prüft diese Frage zunächst unter dem Gesichtspunkt der Vertragsauslegung. Es stellt den Vorgang, welcher der Hingabe der Darlehn zugrunde lag, so fest: Die Beklagte hat das Geld gebraucht und sich deshalb an den Kläger gewandt. Dieser hat sich zur Hergabe des Geldes bereit erklärt, aber gesagt, er wolle nicht Reichsmark leihen, weil sie ihm nicht sicher genug sei; er wolle das Darlehn nur in englischen Pfunden geben; er wolle keine Verluste haben, die Reichsmark sei ihm dazu nicht sicher genug. Das Berufungsgericht fügt als Erklärung des Klägers im jetzigen Rechtsstreit hinzu: Er habe bei den Kursverlusten an die Mark gedacht; dieser habe er nicht getraut, wohl aber dem englischen Pfund. Das Berufungsgericht nimmt hiernach an, daß das Rechtsgeschäft nur deshalb in englischen Pfunden abgeschlossen sei, weil die Mark dem Kläger nicht sicher erschienen sei. Dieser Umstand sei für den Kläger nur der Beweggrund dafür gewesen, daß zum Gegenstand des Darlehnsvertrags das englische Pfund gemacht wurde. Dieser Beweggrund sei aber nicht zum Inhalt des Vertrages erhoben worden. Daß der Kläger auch etwaige mit dem englischen Pfund verbundene Kursverluste nicht habe tragen wollen und insofern die Fortdauer der Goldwährung für den Umfang der vertraglichen Leistung habe bestimmend sein sollen, sei nicht vereinbart.

Diese Ausführungen lassen entgegen der Annahme der Revision eine Verletzung der §§ 133, 157 BGB. nicht erkennen. Die später nicht geänderte Einigung der Parteien hat sich bei der Hingabe des ersten Darlehns lediglich auf das englische Pfund bezogen. Die Reichsmark ist völlig außerhalb der Vertragsbindung geblieben. Es mag dahinstehen, ob die Ausführung des Berufungsgerichts maßgebend sein könnte, die Beklagte könne nicht daran gedacht haben, ein Risiko hinsichtlich des englischen Pfundes zu übernehmen, weil insoweit keiner der Parteien eine Gefahr möglich erschienen sei. Denn es kommt auf die Erkennbarkeit des Willens für den Vertragsgegner an.

RG. 67/433 u. a.

Aber dieser hat eine Bindung hinsichtlich des Kurses des Pfundes nicht gewünscht; es war vielmehr nach der zum Ausdruck gekommenen Auffassung der Parteien ein Entgegenkommen der Beklagten, daß sie auf den Wunsch des Klägers einging, das Pfund überhaupt zum Gegenstand des Vertrages zu machen. Insoweit ist die Erwägung des Berufungsgerichts, daß das von dem Kläger gewählte Sicherungsmittel untauglich gewesen sei, daß er sich über die Tauglichkeit dieses Mittels im Irrtum befunden habe, rechtlich nicht zu beanstanden. Deshalb geht aber auch die Rüge der Revision fehl, daß das Berufungsgericht zu Unrecht eine ergänzende Auslegung des Vertrages nicht in Erwägung gezogen habe. Eine solche kommt nur in Betracht, wenn der Vertrag selbst eine Lücke enthält.

RG. 87/213; 67/433.

Eine solche Lücke kann aber nicht schon dann angenommen werden, wenn die vom Gläubiger erwartete Sicherung seiner Forderung sich später als ungenügend erweist.

RG. 118/373.

Zu Unrecht beruft sich die Revision für einen Sachverhalt der vorliegenden Art auf die Ausführungen von Mügel in JW. 1934

S. 517. Mügel erkennt dort vielmehr an, daß das deutsche Recht bezüglich der Rechtsfolgen des Verfalls der Mark den Gesichtspunkt der Vertragslücke abgelehnt und die anderweite Bestimmung des unsicher gewordenen Inhalts des Schuldverhältnisses der Aufwertung überlassen habe, und daß deshalb in dem angeführten, vom Reichsgericht in RG. 118/373 entschiedenen Falle eine Entscheidung nur nach Aufwertungsgrundsätzen habe in Frage kommen können. Mügel betont ferner, auch nach seiner Auffassung begründe der Umstand allein, daß der Gläubiger sich in seinen Erwartungen über die Sicherung seiner Forderung getäuscht habe, keine Vertragslücke. Er bezweifelt nur, daß es sich bei dem Verfall der Mark nur hierum gehandelt habe.

Das Berufungsgericht prüft den Sachverhalt sodann unter dem Gesichtspunkt der Aufwertung. Auch eine solche Betrachtung kann der Auffassung des Klägers nicht zum Siege verhelfen. Die Frage der Aufwertung von Ansprüchen in ausländischer Währung ist nach den allgemeinen Grundsätzen des hier anzuwendenden deutschen Rechts zu beurteilen.

RG. 120/75; RG. vom 2. Juni 1930 IV 560/29 = Zeiler, AufwF. Nr. 2164; Warn. Rspr. 1933 Nr. 112.

Wenn in einigen Entscheidungen des Reichsgerichts die Aufwertung von Ansprüchen in ausländischer Währung abgelehnt worden ist,

JW. 1925 S. 1986 Nr. 2, 1926 S. 1323 Nr. 3; Warn. Rspr. 1933 Nr. 112,

so war entscheidend, daß die Währungen, um die es sich dort handelte, nicht von einer so tiefgreifenden Geldentwertung betroffen waren, wie die deutsche Mark. So liegt die Sache aber auch hier. Zu den hier in Betracht kommenden Tagen der Fälligkeit der Darlehen — 1. Februar 1933 und 1. April 1933 — stand der Kurs des englischen Pfundes zwischen 14 und 15; die Entwertung des englischen Pfundes betrug also gegenüber dem Stande zur Zeit des Abschlusses des Darlehnsvertrages noch nicht $1/3$. Die Ablehnung der Aufwertung der Klageforderung durch das Berufungsgericht widerspricht also nicht dem Grundsatze des § 242 BGB. Daß übrigens in England selbst trotz der Loslösung des Pfundes vom Gold die Identität der früheren Goldwährung mit der jetzigen Papierwährung der allgemeinen Auffassung entspreche, ist in Rechtsprechung und Schrifttum anerkannt,

vgl. RG. 141/214 und dortige Nachweisungen,

und mag nebenher bemerkt werden.

Nr. 11. §§ 133, 157, 242 BGB.

Ist in einem Kaufvertrag die Zahlung des Kaufpreises in englischer Währung vereinbart, so ist die Goldwährung maßgebend, wenn die Parteien die Goldsicherheit des englischen Pfundes für die Berechnung des Kaufpreises zum Vertragsinhalt erhoben haben.

RG. I. 2. Januar 1935. BA. 34/460.

Vorbemerkung.

In diesem Falle ist es den Parteien — im Gegensatz zur vorherigen Entscheidung, oben S. 45ff. — nicht auf die fremde Währung als solche angekommen sowie darauf, die Zahlung in Reichsmark überhaupt auszuschließen. Es sollte hier vielmehr der Kaufpreis auf der Grundlage des Goldes, wenn auch in fremder Währung ausgedrückt, berechnet werden.

Den vorliegenden Fall hatte das Reichsgericht schon vordem auf die Sprungrevision der Beklagten durch das Urteil vom 21. Juni 1933 — I. Zivilsenat, BA. 32/460 — unter dem Gesichtspunkt des Ausgleichsanspruchs (§ 242 BGB.) entschieden[1] *und war damals zu einer Zurückverweisung des Rechtsstreits an das Oberlandesgericht in Düsseldorf gekommen. Die obige Entscheidung fällte sodann das Reichsgericht auf die nochmalige Revision der beklagten Käuferin.*

Wie im hiesigen Fall hat der II. Zivilsenat des Reichsgerichts — durch Urteil vom 6. Oktober 1933 (BA. 33/125) — einen ähnlichen Sachverhalt beurteilt: Dort hatte die Klägerin an die Beklagte seit mehreren Jahren Spinnereierzeugnisse gegen Zahlung des Kaufpreises in Reichsmark unter Vereinbarung einer Goldklausel verkauft. Im Jahre 1931 verlangte die Klägerin unter Aufrechterhaltung der bisherigen Bedingungen Zahlung in englischen Pfund. Auf die Beanstandung der Beklagten beharrte sie bei diesem Verlangen mit dem Hinweis, daß sie ihre Rohware auch in dieser Währung eindecken müsse; sie sei aber damit einverstanden, wenn die Regulierung in Reichsmark, umgerechnet nach Berliner Kurs, erfolge.

Das Reichsgericht — ebenso wie auch das Berufungsgericht — hat die Ansicht der Beklagten, diese könne nach der Entwertung des Pfundes in Reichsmark entsprechend dem abgewerteten Pfundkurs zahlen, nicht bestätigt:

Es sei hier die sog. Goldwertklausel vereinbart worden, d. h. „es solle von der Beklagten als Kaufpreis ein Betrag geschuldet werden, dessen Höhe, in Währung ausgedrückt, sich nach dem jeweiligen Kurse des von der Beklagten anzuschaffenden Goldes zu richten hatte (RG. 121/111)". Es könne kein Zweifel darüber be-

---

[1]) vgl. hierüber unten S. 61.

stehen, „daß die Vereinbarung, die Zahlung müsse stets den vollen Goldwert des Kaufpreises darstellen, auch nach dem Übergang zur englischen Währung Vertragsbestandteil geblieben ist". Die Bezugnahme auf den Berliner Umrechnungskurs habe nur normale Kursschwankungen, nicht aber auch eine Kursentwertung im Auge gehabt, wie sie durch die Aufgabe des Goldstandards des englischen Pfundes eingetreten sei. Wenn die Klägerin auch im Jahre 1931 die Zahlung in Pfund verlangt habe, weil sie damals eine Entwertung der Reichsmark erwartet, die Wertbeständigkeit des Pfundes dagegen für sicher gehalten habe, und wenn die Parteien auch mit Vereinbarung der Pfundzahlung die Goldwertklausel für bedeutungslos erachtet hätten, so sei diese Klausel trotzdem nicht beseitigt worden, sondern auch weiterhin Vertragsinhalt geblieben.

Zu dem gleichen Ergebnis kam das Reichsgericht — V. Zivilsenat, Urteil vom 2. Oktober 1935, HRR. 1936 Nr. 185 = RG. 149/1 — in einem anderen Falle:

Hier hatte der beklagte Grundstücksverkäufer den ihm zustehenden Restkaufpreis ausdrücklich in Höhe von 11 000 Dollar vereinbart, weil er eine Entwertung der Reichsmark befürchtete. Da der Kläger, der Käufer, nicht „effektiv" zu leisten brauchte, konnte die Zahlung nach Umrechnung (§ 244 BGB.) auch in Reichsmark erfolgen.

Weiter hatten die Parteien vereinbart, daß der Kläger gegen Bestellung einer Briefhypothek über Feingoldmark in Höhe des geschuldeten Restkaufpreises Stundung verlangen konnte. Von diesem Recht machte der Kläger Gebrauch. Die Hypothek wurde eingetragen.

Damit wurde, so entschied das Reichsgericht, die Dollarforderung des Beklagten in eine Forderung auf 46 200 Feingoldmark umgewandelt. Wenn auch die Parteien daneben an der ursprünglichen Dollarschuld festhielten, so wurde doch die in Dollar ausgedrückte Geldschuld in eine Goldwertschuld umgewandelt. Deshalb war der Dollar nur auf der alten Goldgrundlage zu verstehen, also 11 000 $ = 46 200 FGM. Der Kläger mußte daher im Hinblick auf § 242 BGB. — entgegen seinem Feststellungsantrag — entsprechend dem früheren Golddollarkurs zahlen.

In dem der Entscheidung des IV. Zivilsenats vom 27. April 1936 — BA. 35/442 — zugrunde liegenden Fall hatte die Klägerin von der Beklagten im Jahre 1930 ein Darlehn von 2 Millionen Dollar erhalten. Die Rückzahlung wurde „in Goldmünze der Vereinigten Staaten von Amerika in der am 1. April 1930 geltenden oder ihr entsprechenden Gewichts- und Feingehaltseinheit" vereinbart. Nach einem späteren Abkommen sollte das Darlehn gemäß der deutschen Devisengesetzgebung in Reichsmark zurückgezahlt werden.

Nach Erlaß der „Joint Resolution" und der Aufhebung der Goldeinlösungspflicht für die Vereinigten Staaten im Jahre 1933 zahlte die Klägerin entsprechend dem bisherigen Golddollarkurs nur unter Vorbehalt. Mit der Klage machte sie einen Teilbetrag des nach ihrer Ansicht über den jeweiligen Kurs des Papierdollars zu viel Gezahlten geltend.

Die Klage wurde in allen drei Instanzen abgewiesen mit der Begründung, daß eine Goldwertklausel vereinbart sei. Auf die Frage, ob die „Joint Resolution" auch für deutsche Schuldner anwendbar ist, brauchte das Reichsgericht hier nicht einzugehen[1]).

Hat dagegen der Schuldner einer Fremdwährungsforderung die ihm vom Gläubiger vorgeschlagene Goldwertklausel ausdrücklich abgelehnt, so ist für die Leistung ausschließlich die abgewertete Währung maßgebend. Ein solcher Fall lag der Entscheidung des II. Zivilsenats vom 9. Juli 1935 — RG. 148/33 — zugrunde. Hier war der Kaufpreis für gelieferte Garne in Dollar ausgedrückt worden. Da der Käufer später nur entsprechend dem abgewerteten Dollar zahlte, klagte der Verkäufer einen Teilbetrag des Unterschieds zum Golddollar ein. Er unterlag aber in allen drei Instanzen, da der beklagte Käufer die Goldwertklausel nach längeren Verhandlungen hierüber ausdrücklich abgelehnt hatte, und der Kaufpreis daher ausschließlich in Dollar vereinbart war.

Auch einen Ausgleichsanspruch des Klägers (vgl. hierüber unten S. 61ff.) hielt das Reichsgericht hier nicht für begründet, da die Parteien eine Dollarentwertung nach dem vorhergegangenen Pfundsturz vorausgesehen und zum Gegenstand ihrer Verhandlungen gemacht hatten.

Die Rückzahlung von Anleihen in ausländischer Währung hat das Reichsgericht ebenfalls im wesentlichen danach beurteilt, ob mit Aufnahme einer Anleihe eine Goldwertschuld begründet wurde oder nicht.

So nahm der VI. Zivilsenat im Urteil vom 12. November 1934 — BA. 34/163 — bei einer Dollaranleihe, der 6%-Kruppanleihe von 1924, nach dem Parteiwillen eine Goldwertschuld an. Die Anleihestücke trugen die Überschrift: „6%ige Goldanleihe von 1924: Dollar . . . .". Demnach wurde, so legte das Reichsgericht die Anleihebedingungen aus, eine Goldschuld, nicht eine Geldschuld begründet, wenn auch Zeichnung und Rückzahlung der Anleihe in Reichsmark erfolgen sollten.

Der gleiche Senat gab, wie auch beide Vorinstanzen, in seiner Entscheidung vom 14. Dezember 1934 — RG. 146/1 = JW. 35/852 — über die 6%-Vereinigte-Stahlwerke-Anleihe Serie B von *1926 einer Klage statt, mit der die Klägerin gegen die beklagte Anleihe-Schuldnerin den Unterschied zwischen dem Nennbetrag des entwerteten Dollars und dem dem Golddollarkurs entsprechenden Reichsmarkbetrag bei den Zinsraten geltend gemacht hatte. Nach den Anleihebedingungen waren bestimmte, auf feste Dollarbasis gestellte Reichsmarkzahlungen versprochen worden. Am*

[1]) vgl. hierüber unten S. 54.

1. Juli 1933 hatte die Beklagte anstatt 33000 RM. nur noch 26125 RM. entsprechend dem Kurse des abgewerteten Dollars gezahlt.

Das Reichsgericht stellte hier eine Reichsmarkschuld als in erster Linie vereinbart fest. Die Dollarklausel sei nur für den Fall einer Entwertung der Reichsmark aufgenommen worden, sie sei also nur in dem Sinne der Begründung einer Goldwertschuld auszulegen. Mit einer Rückzahlung in entwerteten Dollar verstoße daher die Beklagte gegen Treu und Glauben.

Die Entscheidung des IV. Zivilsenats vom 28. Mai 1936 — JW. 36/2058 Nr. 1 = BA. 35/416 — hatte ebenfalls eine Dollaranleihe zum Gegenstand, und zwar — entgegen den beiden vorerwähnten Fällen — keine nur in ausländischer Währung ausgedrückte Inlandsanleihe, sondern die in Amerika aufgelegte Anleihe des Deutschen Sparkassen- und Giroverbandes. Diese hatte der Beklagte im Jahre 1926 aufgenommen. Die Rückzahlung sollte am 1. Februar 1947 in Dollar, und zwar in Goldmünze der Vereinigten Staaten von Amerika „of or equal to the standard of weight and fineness existing February 1926" an bestimmten Zahlstellen in Amerika erfolgen. Die näheren Bedingungen waren in einem besonderen Vertrage zwischen dem Beklagten und dessen Treuhändern niedergelegt. Hier heißt es, daß „alle Rechte und Rechtsmittel, die den Inhabern der Schuldverschreibungen . . . zustehen, den Gesetzen des Staats New York unterliegen".

Die deutsche Klägerin war Inhaberin zweier Schuldverschreibungen über je 1000 Dollar. Sie meinte, daß eine Goldwertklausel vereinbart sei, und daß die „Joint Resolution" vom 5. Juni 1933, wonach alle Schuldverpflichtungen in der Währung der Vereinigten Staaten, gleichviel ob sie eine Goldwertklausel enthielten oder nicht, Dollar für Dollar durch jede Münze, die z. Z. der Zahlung gesetzliches Zahlungsmittel sei, getilgt werden sollten, mindestens auf in Deutschland ansässige deutsche Gläubiger keine Anwendung finde. Da der Beklagte dies bestritt, erhob die Klägerin Feststellungsklage dahin, daß die Rückzahlung auf ihre Anleihestücke im Jahre 1947 zum Werte des Golddollars gleich 4,20 RM. zu erfolgen habe.

Für den Rechtsstreit hatten die Vorinstanzen die örtliche Zuständigkeit der deutschen Gerichte angenommen, da die Gläubiger auch am Sitz des Beklagten in Deutschland Zahlung verlangen könnten. Nachdem das Landgericht die Klage abgewiesen hatte, gab ihr das Kammergericht statt (Urteil vom 14. Februar 1935 — BA. 34/527). Es stellte neben der Sachlegitimation der Parteien fest, daß es sich nicht um eine bloße Goldmünzklausel, sondern um eine Goldwertklausel handele, die nach den z. Z. der Begebung der Anleihe im Staate New York geltenden Gesetzen voll wirksam gewesen und auch nach deutschem Recht nicht zu beanstanden sei. Die Anwendung der „Joint Resolution" lehnte das Kammergericht ab, aus

Gründen allerdings, die vom Reichsgericht nicht für stichhaltig erachtet wurden.

Trotzdem blieb die Revision erfolglos.

Da das Reichsgericht wegen entscheidender Vorfragen — so insbesondere über die Aktiv- und Passivlegitimation der Parteien sowie über die Anwendung amerikanischen Rechts — an die Feststellungen des Kammergerichts gebunden war, blieb nur noch zu prüfen, welche Bedeutung der „Joint Resolution" vom 5. Juni 1933 für die Rechte der Klägerin zukam. Im Ergebnis wurde auch hier mit dem Kammergericht die Anwendungsmöglichkeit dieses Gesetzes auf die Klägerin verneint, weil eine solche Anwendung gegen den Zweck deutscher Gesetze verstoßen würde (§ 30 EG. BGB.). Denn, so wird in der Begründung ausführlich dargelegt, dadurch würde eine Unsicherheit in das deutsche Wirtschaftsleben eingeführt, die die mühevolle Aufbauarbeit an der deutschen Volkswirtschaft zu stören und zu beeinträchtigen drohe. Voraussetzung für diese Entscheidung war aber, daß die Klägerin sich bereits z. Z. des Erlasses der „Joint Resolution" im Besitz der betreffenden Anleihestücke befand, sie also nicht etwa später zu einem geminderten Kurs im Ausland erworben hatte. Denn nur im ersten Falle würde sie einen unvorhersehbaren Verlust erlitten haben, vor dem sie „in Verfolg der Bestrebungen der deutschen Gesetzgebung um der Belange des Volksganzen willen bewahrt bleiben muß".

Gerade diese letzte Entscheidung des IV. Zivilsenats vom 28. Mai 1936, mit der das Reichsgericht seine Grundsätze in der Beurteilung von Währungsforderungen gradlinig fortsetzte und über innerdeutsche Schuldverhältnisse hinaus auch auf reine Auslandsanleihen erstreckte, führte aber in mehrfacher Hinsicht zu einem bedenklichen Ergebnis:

Zunächst war der Ausgangspunkt der Entscheidung durchaus kein allgemeingültiger, da das Reichsgericht, wie schon bemerkt, wegen ausschlaggebender Vorfragen an die Feststellungen des Tatrichters gebunden war. In einem gleichen Falle könnte die Tatsacheninstanz zu entgegengesetzten Feststellungen wie hier gelangen, aus denen sich dann für das Revisionsgericht ebenfalls völlig andere Rechtsfolgen ergeben würden. Eine grundsätzliche und einheitliche Lösung des Problems hatte also das Urteil vom 28. Mai 1936 nicht gebracht.

Noch bedenklicher waren aber die wirtschaftspolitischen Folgen der Entscheidung im Hinblick auf die deutsche Auslandsverschuldung. Denn was nach Ansicht des höchsten deutschen Gerichts dem deutschen Gläubiger von Währungsforderungen recht war, hätte auch dem deutschen Schuldner solcher Forderungen billig sein müssen. Die ausländischen Gläubiger Deutschlands hätten daher möglicherweise auf der Erfüllung ihrer Forderungen nach ihrem ursprünglichen Goldwert und nicht entsprechend der abgewerteten Auslandswährung bestehen können. Dies hätte aber nicht nur zu einer allge-

meinen Beunruhigung wegen der Unsicherheit der Rechtslage, sondern auch zu ernsten Schädigungen der deutschen Wirtschaft schlechthin geführt. Es ging daher, wenigstens wirtschaftspolitisch gesehen, nicht an, den deutschen Gläubiger einer deutschen Auslandsanleihe besser zu stellen als ausländische Gläubiger derselben Anleihe.

Hinzu kam, daß die vom Reichsgericht gemachte Unterscheidung zwischen Alt- und Neubesitz ohne eine dahingehende äußere Erkennbarkeit bei den einzelnen Anleihestücken deren Bewertung sehr unsicher gestaltet und — ungeachtet der Ausführungen des Urteils — der Börsenspekulation Tür und Tor geöffnet hätte.

Um all diesen Folgen sofort entgegenzutreten, erließ die Reichsregierung das

Gesetz über Fremdwährungsschuldverschreibungen[1]) vom 26. Juni 1936 (RGBl. I S. 515).

§ 1.

Lautet eine im Ausland aufgenommene, in Wertpapieren verbriefte Anleihe auf eine ausländische Währung — unbeschadet ob mit oder ohne Goldklausel —, so ist im Falle einer Abwertung dieser Währung für den Umfang der Zahlungsverpflichtung des Schuldners die abgewertete Währung maßgebend.

§ 2.

(1) Rechtskräftige Entscheidungen stehen der Anwendung dieses Gesetzes nicht entgegen.

(2) Vereinbarungen, durch die nach dem Eintritt einer Abwertung der ausländischen Währung der Umfang der Schuldverpflichtung von § 1 abweichend geregelt ist, werden durch das Gesetz nicht berührt. Dies gilt auch, wenn die Beteiligten den Umtausch von Schuldverschreibungen, die auf eine ausländische Währung lauten, in Reichsmarkschuldverschreibungen vereinbart haben.

(3) Bereits geleistete Zahlungen können auf Grund des Gesetzes nicht zurückgefordert werden.

§ 3.

Erledigt sich ein anhängiger Rechtsstreit durch dieses Gesetz, so trägt jede Partei ihre außergerichtlichen Kosten und die Hälfte der gerichtlichen Auslagen. Die Gerichtsgebühren werden niedergeschlagen.

§ 4.

Der Reichsminister der Justiz erläßt im Einvernehmen mit dem Reichswirtschaftsminister und dem Reichsminister der Finanzen

---

[1]) vgl. hierzu die amtlichen Erläuterungen in DJ. 1936/995 und JW. 36/2020; ferner Hartenstein JW. 36/2017.

die zur Durchführung und Ergänzung dieses Gesetzes erforderlichen Rechts- und Verwaltungsvorschriften.

Bei diesem Gesetz ist besonders hervorzuheben, daß die Anleihe im Ausland aufgenommen, in Wertpapieren, also regelmäßig in Inhaberschuldverschreibungen (§§ 793ff. BGB.) verbrieft sein und auf eine ausländische Währung lauten muß (§ 1 des Ges.). Hierunter fallen also nicht Inlandsanleihen sowie Auslandskredite, die nicht in Wertpapieren verbrieft sind (Hartenstein, a. a. O. S. 2019).

Durch § 2 Abs. 1 des Gesetzes ist die oben (S. 54f.) erwähnte Entscheidung vom 28. Mai 1936 für unwirksam erklärt worden. Im übrigen werden aber die vorher (vgl. oben S. 51—54) dargelegten Grundsätze des Reichsgerichts über die Erfüllung von Währungsschuldverhältnissen zwischen Inländern durch das Gesetz vom 26. Juni 1936 nicht berührt, da sich dieses Gesetz nur auf Auslandsanleihen in Fremdwährung erstreckt. Alle anderen Schuldverhältnisse in ausländischer Währung sind nach wie vor durch Auslegung des Parteiwillens danach zu beurteilen, ob eine Geldschuld oder eine Goldwertschuld begründet werden sollte. Deshalb hat auch die nachstehend im Wortlaut wiedergegebene Entscheidung über diese Frage nichts von ihrer Bedeutung verloren.

RG. I. 2. Januar 1935. BA. 34/460.

Die Firma August D. in M. verkaufte laut Auftragsbestätigungen vom 19. Juni und 4. Juli 1931 an die Beklagte 4000 kg Maco-Garne nach den Lieferungs- und Zahlungsbedingungen des Verbandes Rheinisch-Westfälischer Baumwollspinner in Düsseldorf vom 5. September 1930. Der Kaufpreis wurde in englischer Währung vereinbart und fakturiert. Die Garne sind in der Zeit vom 22. Juli bis zum 2. Dezember 1931 geliefert worden. Die Zahlung des Kaufpreises ist in deutschem Gelde erfolgt. Dabei legte die Beklagte den Zahlungen, die nach dem Sturz des englischen Pfundes vom 21. September 1931 fällig wurden, nicht den Kurs des Goldpfundes in Höhe von 20,40 RM. zugrunde, sondern nahm eine Umrechnung nach dem jeweiligen Tageskurs vor. Demgegenüber hat die Firma August D. eine Umrechnung des Pfundes nach dem Kurse zur Zeit der Vertragsschlüsse in Höhe von 20,40 RM. je Pfund beansprucht und von der Beklagten die so errechnete Kursdifferenz als noch ausstehende Vertragserfüllung verlangt. Diesen Anspruch hat die Firma August D. an den Kläger abgetreten. Dementsprechend hat der Kläger auf Zahlung von 6333 RM. nebst Zinsen geklagt. Die Beklagte hat diesen Anspruch nach Grund und Betrag bestritten.

Beide Vorinstanzen haben dem Klageantrag entsprochen. Das Reichsgericht hat die Revision der Beklagten zurückgewiesen.

Nach den Feststellungen der Vorinstanzen ist der Kaufpreis „in englischer Währung abgeschlossen" bzw. „in englischer Währung vereinbart und fakturiert". Außerdem war vereinbart, daß die Lieferungs- und Zahlungsbedingungen des Verbandes Rheinisch-Westfälischer Baumwollspinner in Düsseldorf vom 5. September 1930 für die Kaufverträge maßgebend seien.

Es liegt auf der Hand und ist auch von keiner Seite in Zweifel gezogen, daß der so in Worten niedergelegte Vertragsinhalt für sich allein keinen sicheren Anhaltspunkt für die Entscheidung der hier maßgeblichen Streitfrage gibt, ob der von der Beklagten zu zahlende Kaufpreis — wenn er nicht in englischer, sondern in deutscher Währung gezahlt wurde, und, wie zwischen den Parteien unstreitig ist, gezahlt werden durfte — dem Goldwert entsprechen sollte, den das englische Pfund am Tage des Abschlusses der streitigen Verträge hatte, oder ob der Kurswert des englischen Pfundes am jeweiligen Zahlungstage des Kaufpreises maßgeblich sein sollte. Vielmehr kommen zur Erforschung des Vertragswillens der Parteien nach der angegebenen Richtung hin neben dem Wortlaut der streitigen Verträge besondere tatsächliche Umstände in Betracht, deren Feststellung und Würdigung dem Tatrichter obliegt. Diese Tatumstände sind zunächst vom Landgericht und späterhin vom Oberlandesgericht in entscheidender Weise für die Ermittlung des nach dem Willen der Vertragsparteien Vereinbarten herangezogen und zugrunde gelegt. Dies gilt unter anderem von folgenden Erwägungen des Landgerichts.

Die Vertragsparteien hätten die Berechnung des Kaufpreises in englischen Pfunden wegen ihrer damaligen Eigenschaft als goldgesicherter Währung gewählt, um die Kaufpreisforderung der Klägerin wertbeständig und goldsicher zu erhalten. Diese Feststellung des Kaufpreises in englischen Pfunden bei einem zwischen zwei als Verkäufer und Käufer auftretenden deutschen Firmen in Deutschland abgeschlossenen und in Deutschland zu erfüllenden Kaufvertrage sei im Handel mit aus Baumwolle herstellbaren Garnen (Maco-Garnen) damals üblich gewesen, und zwar ohne Beifügung einer ausdrücklichen Goldklausel, weil die Beteiligten das englische Pfund als Goldwährung (bzw. Goldkernwährung) für über jeden Zweifel erhaben gehalten hätten. Es sei der Verkäuferin gar nicht auf die Erlangung effektiver englischer Pfunde (Devisenbeschaffung) angekommen, vielmehr sollte der Kaufpreis in deutschem Gelde gezahlt werden, aber als eine vollwertige, durch die Pfundberechnung als wertbeständig gesicherte Gegenleistung. Dieser von der Verkäuferin mit der Pfundfakturierung verfolgte Zweck sei der Beklagten bei Vertragsschluß erkennbar gewesen und von ihr erkannt worden. Die unbedingte Gewißheit der Vertragsparteien, daß das englische Pfund als Goldkernwährung in seiner Geltung als die stabilste Währung der Welt unerschütterlich sei, sei für die Vertragschließenden der Grund gewesen, die Goldsicherheit nicht ausdrücklich zur Vertragsbedingung zu erheben. Zur Zeit des Abschlusses der streitigen Verträge hätten nicht nur die Vertragsparteien, sondern alle in Betracht kommenden Geschäfts- und Wirtschaftskreise eine Aufhebung des Goldstandards des englischen Pfundes für völlig ausgeschlossen gehalten und nur mit Kursschwankungen innerhalb des durch die Goldgebundenheit gegebenen Rahmens gerechnet.

Das Oberlandesgericht ist zu der Annahme gekommen, daß in den betreffenden Verträgen nicht nur Vertragsgrundlage, sondern Vertragsinhalt die Verpflichtung der Beklagten geworden sei, der Verkäuferin den Goldwert der in englischer Währung geschuldeten Leistung zu zahlen. Der wirkliche Sinn der maßgeblichen Abmachung sei dahin gegangen, eine Leistungspflicht der Beklagten zu schaffen, deren innerer Wert sich nicht nach der schwankenden Währung eines fremden Landes richten, sondern wertbeständig sein sollte. Die Vertragsparteien hätten den Wert der von der Beklagten zu leistenden Zahlung nicht von dem Wert des englischen Pfundes abhängig machen wollen. Nach dem erkennbaren Willen beider Parteien sollte die Beklagte als Kaufpreis den Goldwert leisten, welchen das englische Pfund am Tage des Abschlusses der streitigen Verträge hatte, so daß in Wirklichkeit die Vereinbarung der Zahlung in englischen Pfunden die Bedeutung haben sollte, daß in Goldpfund gezahlt werden sollte.

Gegen diese Auslegung, die im wesentlichen auf den Feststellungen des Oberlandesgerichts über die den Vertragswillen der Beteiligten beherrschenden äußeren Tatumstände beruht, sind vom Rechtsstand punkt aus Bedenken nicht zu begründen. Die dagegen eingewandten Revisionsrügen sind nicht durchschlagend.

Das Oberlandesgericht hat ausdrücklich festgestellt und in den Kreis seiner Erwägungen gezogen, daß während der sog. Inflationszeit „ein Absinken des Pfundes gegenüber dem Golde nicht ganz verhindert worden" sei. Unter diesen Umständen konnte das Oberlandesgericht ohne materiellen oder formellen Rechtsirrtum von einem näheren Eingehen auf die Behauptung der Beklagten absehen, daß von August, November 1922 bis zum Jahre 1925 das englische Pfund bis auf einen Wert von 18 GM. (unter rechnerischem Einsatz von Papier- und Rentenmark) zurückgegangen sei.

Der von der Revision behauptete Widerspruch in dem Gutachten des Sachverständigen Dr. H. ist nicht vorhanden.

Der genannte Gutachter hat mit längerer Begründung ausgeführt: der allen Beteiligten erkennbare und bekannte Zweck der Vereinbarung einer Zahlung in Devisen sei die Sicherung der Wertbeständigkeit des Verkaufserlöses der Garne gegenüber einem Absinken des damaligen Markkurses gewesen, nicht dagegen der Zweck, Devisen zum Einkauf von Rohware zu erlangen. Dabei hat der Sachverständige ausdrücklich darauf hingewiesen, daß der Spinner (Verkäufer der Garne) nur die Hälfte oder 60% des Verkaufserlöses seiner Garne für den Einkauf der Rohware benötigte, während der

Rest seiner Auslagen auf die in deutscher Währung zu zahlenden Löhne usw. entfiel. Im Anschluß hieran hat der Sachverständige bemerkt, der Spinner, dem es nur darum gegangen sei, die Wertbeständigkeit des von ihm vereinbarten Kaufpreises zu sichern, habe natürlich seine in ausländischer Währung berechneten Preise, wenn er hauptsächlich Garne aus amerikanischer Baumwolle herstellte, hauptsächlich in Dollar, und wenn er hauptsächlich ägyptische Garne verspann, hauptsächlich in englischen Pfunden vereinbart, um so gegebenenfalls Devisen für seine Rohstoffbeschaffung zu erlangen. Der Sachverständige hat aber ausdrücklich hervorgehoben, daß diese Devisenbeschaffung für den Spinner kein entscheidendes Moment für die Art seiner Preisvereinbarung gewesen sei, daß es ihm vielmehr dabei nur darum zu tun gewesen sei, „die Wertbeständigkeit des Erlöses der verkauften Garnmengen zu sichern", und daß demgegenüber der Zweck, durch die Vereinbarung der Zahlung in Devisen diese zum Einkauf von Rohware zu erlangen, vollkommen zurückgetreten und „in erkennbarer Form überhaupt nicht vorhanden gewesen sei".

Diese Darlegungen des Gutachters sind in sich schlüssig und konnten vom Oberlandesgericht ohne Rechtsirrtum bei der Begründung seines Urteils herangezogen werden. Dabei mag darauf hingewiesen werden, daß nach dem Tatbestande beider Instanzurteile im vorliegenden Falle trotz der Fakturierung des Kaufpreises in englischer Währung die Bezahlung in deutschem Gelde erfolgt ist und daß bereits im landgerichtlichen Urteil festgestellt ist, daß es der Verkäuferin nicht auf die Erlangung effektiver englischer Pfunde (Devisenbeschaffung) angekommen sei.

Nach den Feststellungen des Oberlandesgerichts ging der zum Ausdruck gebrachte Vertragswille der Beteiligten dahin, die Goldsicherheit des englischen Pfundes für die Berechnung des Kaufpreises der Ware zum Vertragsinhalt zu erheben. Der Abschluß eines solchen Vertrages, durch den im Hinblick auf den bestimmten Wert des Kaufobjektes zur Zeit des Vertragsschlusses einer etwaigen Entwertung des als Gegenleistung zu zahlenden Kaufpreises durch ein möglicherweise eintretendes Abgleiten der deutschen Währung begegnet werden sollte, war und ist nach deutschem Recht möglich und zulässig. Der vom Oberlandesgericht gewählten Vertragsauslegung kann daher nicht mit Erfolg entgegengehalten werden, es fände danach der Umstand, daß die Vertragsparteien der ausländischen Währung mehr Vertrauen als der inländischen Währung entgegengebracht hätten, eine nach deutschem Recht unzulässige Billigung. Es handelt sich hier nur um die Ermittlung des maßgeblichen Vertragswillens. Dieser war nach der angegebenen Richtung vom Rechtsstandpunkt aus nicht beschränkt und konnte vom Oberlandesgericht ohne Rechtsverstoß in der angeführten Weise ausgelegt werden.

3. Abschnitt.

Der Ausgleichsanspruch.

Nr. 12. § 242 BGB.

Unter besonderen Umständen kann auch schon ein mäßiger Wertrückgang bei einer Vertragsleistung infolge der Entwertung einer ausländischen Währung einen Ausgleichsanspruch rechtfertigen.

RG. III. 2. April 1935. JW. 1935/2266 Nr. 3 = RG. 147/286 = BA. 35/89.

Vorbemerkung.

Während es sich bei den Entscheidungen des vorhergehenden Abschnitts um die Auslegung des Parteiwillens dahin handelte, ob die in fremder Währung ausgedrückte Verbindlichkeit des Schuldners als Goldwertschuld aufzufassen war oder nicht (vgl. oben S. 45), betrifft das Problem des Ausgleichsanspruchs nur solche Fälle, in denen zweifellos keine Goldklausel vereinbart, also auch keine Goldwertschuld, sondern nur eine Geldschuld in fremder Währung begründet wurde. In diesen Fällen braucht der Schuldner, wie schon dargelegt (oben S. 45 ff.), bei einer Entwertung der betreffenden Währung die Vertragsleistung nur nach dem Kurse der entwerteten Währung zu bewirken. Dadurch kann sich aber eine meist unvorhersehbare und von den Parteien auch nicht vorhergesehene Veränderung des als Vertragsgrundlage angenommenen Verhältnisses zwischen Leistung und Gegenleistung ergeben, die dem Sinn und Zweck des Vertrages nicht entspricht und deshalb nach Treu und Glauben (§ 242 BGB.) einen Ausgleich für den durch die Entwertung benachteiligten Vertragsteil erfordert. Es ist also der Aufwertungsgedanke, der hier eingreift, wie ihn das Reichsgericht in der deutschen Inflation nach längerem Schwanken erstmalig in der Entscheidung des V. Zivilsenats vom 28. November 1923 — RG. 107/78 (87) — gestützt auf § 242 BGB. ausgesprochen hatte.

Wie bei der Aufwertungsrechtsprechung, so ist das Reichsgericht auch bei der Behandlung des Ausgleichsanspruchs zunächst nur langsam Schritt für Schritt vorwärts gegangen. Diese Rechtsentwicklung wird in der hier wiedergegebenen Entscheidung selbst eingehend dargestellt. Während die Senate anfangs den Gesichtspunkt der Rechtssicherheit und der Vertragstreue besonders unterstrichen und einem Ausgleichsanspruch nur unter ganz besonderen Umständen und bei sehr schwerwiegenden Verlusten, etwa entsprechend den Verhältnissen bei der deutschen Inflation, stattgaben, wurden diese Erfordernisse später mehr und mehr gelockert.

Schon das Urteil des I. Zivilsenats vom 21. Juni 1933 — JW. 33/1644 Nr. 2 = RG. 141/212 = BA. 32/460 (vgl. auch die dortigen Hinweise auf die frühere Rechtsprechung) —, das auch in der nachstehenden Entscheidung angeführt wird (vgl. auch oben S. 51), hatte bei einem Vertrag, wo der Kaufpreis in englischen Pfund vereinbart worden war, einen Ausgleichsanspruch auf Grund der späteren Entwertung des Pfundes für begründet erachtet. Hierzu müsse, so wurde dort ausgeführt, die englische Währung nicht schon so weit abgesunken sein, daß sie in ihrer Grundlage erschüttert sei, und daß das Pfund, wenngleich es in England Zahlungsmittel geblieben sei, seinen Charakter als Wertmesser verloren habe.

Die vorliegende Entscheidung vom 2. April 1935 geht, hieran anknüpfend, noch einen Schritt weiter. Sie hält auch schon einen mäßigen Wertrückgang bei einer Vertragsleistung — es handelt sich um 13% — für ausreichend, um einen Ausgleichsanspruch zu begründen. Maßgebend waren allerdings die besonderen Umstände des Falles, und zwar insbesondere die Verhältnisse auf seiten der klagenden Verkäuferin, für die sich auch schon ein Verlust von 13% empfindlich auswirkte, während der Käuferin insoweit ein müheloser Währungsgewinn in den Schoß fiel.

Das den Ausgleichsanspruch bedingende Mißverhältnis zwischen Leistung und Gegenleistung kann also — und das ist bei der hier wiedergegebenen Entscheidung besonders hervorzuheben — „nicht grundsätzlich und zahlenmäßig fest begrenzt" werden, sondern ist vielmehr nach den gesamten Umständen des Falles, besonders auch nach den beiderseitigen Verhältnissen der Parteien zu beurteilen.

In einer späteren Entscheidung vom 13. Mai 1935 — RG. 146/377 — hielt der VI. Zivilsenat eine Entwertung von annähernd 38% für nicht groß genug, um ohne Hinzutreten weiterer Umstände einen Ausgleichsanspruch zu rechtfertigen. In diesem Falle hatte die Klägerin in den Jahren 1930/31 Dollarschatzanweisungen der Beklagten erworben. Die Beklagte löste bei Fälligkeit im Jahre 1932 nicht ein. Ihre Schuld wurde deshalb „unter Aufrechterhaltung ihres Ursprungscharakters" in eine täglich fällige Kontokorrentschuld umgewandelt. Bei Beginn der Dollarentwertung verlangte die Klägerin alsbaldige Rückzahlung oder eine Umstellung auf Gold. Die Beklagte erwiderte, daß ihr eine Umstellung des Kredits auf Gold nicht möglich, und daß auch eine Rückzahlung zu dem von der Klägerin gesetzten Termin fraglich sei. Später kamen die Parteien dahin überein, durch eine gerichtliche Entscheidung klären zu lassen, wer von ihnen den Entwertungsschaden zu tragen hätte.

Das Reichsgericht erkannte wie schon erwähnt, einen Ausgleichsanspruch der Klägerin nicht an, gab allerdings der Klage teilweise aus dem Gesichtspunkt des Verzugsschadens statt.

Für einen Ausgleichsanspruch ist dann kein Raum, wenn die Parteien in ihren Vertrag eine Goldklausel aufgenommen haben, denn dann hat der Gläubiger ohnehin trotz einer Entwertung der vereinbarten Währung einen Anspruch auf die ungeschmälerte

Vertragsleistung (RG. II. 6. Oktober 1933. — BA. 33/125. —. Vgl. oben S. 61, 51ff.).

Ebenso ist ein Ausgleichsanspruch nicht mehr gegeben, wenn vor Eintritt eines beachtlichen Mißverhältnisses der Vertrag beiderseits voll erfüllt ist. In einem solchen Falle — Urteil des II. Zivilsenats vom 13. Oktober 1933 (RG. 142/23ff. (34f.) = JW. 34/545 (548) = BA. 33/151) — hatte die Klägerin, eine Bank, die mit der beklagten Reichsbank im Giroverkehr stand, bei dieser am 21. Mai 1931 einen Wechsel auf Mexiko über 100000 mexikanische Goldpesos diskontiert. Der Gegenwert war dem Konto der Klägerin gutgeschrieben worden. Während der Laufzeit des Wechsels wurde in Mexiko ein neues Münzgesetz verkündet, das neben dem Goldpeso auch Silbermünzen als gesetzliche Zahlungsmittel bestimmte. Durch die spätere Einlösung des Wechsels in Silber seitens des Akzeptanten entstand ein Verlust von rund 70000 RM. In dieser Höhe belastete die Beklagte das Konto der Klägerin.

Das Reichsgericht gab der hiergegen gerichteten Klage in vollem Umfang statt. Es ging davon aus, daß ein Diskontvertrag regelmäßig nicht als Darlehns- sondern als Kaufvertrag aufzufassen sei. Dieser Vertrag sei durch Übergabe des Wechsels an die Beklagte gegen Gutschrift des Wertes auf dem Konto der Klägerin beiderseits voll erfüllt worden. Wenn nachträglich die Vertragsleistung der Klägerin in der Hand der Beklagten entwertet worden sei, so bedeute dies keine Erschütterung der Vertragsgrundlage und verpflichte demzufolge die Klägerin auch nicht zu einem Ausgleich.

RG. III. 2. April 1935. JW. 1935/2266 Nr. 3 = RG. 147/286 = BA. 35/89.

Die Klägerin, die Großhandel in Baumwollgarn betreibt, zählte seit mehreren Jahren die Beklagte, eine mechanische Bunt- und Rohweberei, zu ihren Abnehmern. Während der ganzen Dauer der Geschäftsverbindung wurden die Kaufpreise für die Baumwollgarne in amerikanischen Dollars vereinbart. Die letzten drei Kaufabschlüsse, die den Gegenstand dieses Rechtsstreits bilden, erfolgten am 9. Juli 1932, 11. August 1932 und 14. Oktober 1932. Durch den Sturz des Dollars erlitt die Klägerin nach ihrer Behauptung einen Verlust von 21237,84 RM. Zum Ausgleich dieses Verlustes verlangt sie von der Beklagten die Zahlung dieser ganzen Summe nebst Zinsen. Der Abschluß in Dollars bei den einzelnen Kaufgeschäften erfolgte auf Veranlassung der Lieferantin der Klägerin.

Die Klägerin gründet ihre Ansprüche u. a. auf die Grundsätze von Treu und Glauben. In dieser Richtung führt sie aus: Wenn man auch angesichts der ausdrücklichen Ablehnung der Goldklausel durch die Beklagte nicht den Standpunkt vertreten könne, die Gleichheit von Geld- und Sachleistung sei zum Inhalt des Vertrages gemacht worden, so müsse sie doch als die stillschweigende Grundlage des Vertrages angesehen werden. Die Vertragsteile hätten die Goldklausel neben dem Dollar für überflüssig gehalten. Die Möglichkeit einer Dollarentwertung sei nach Ansicht der Parteien so entfernt gewesen, daß sie geglaubt hätten, nicht mit ihr rechnen zu müssen.

Die Beklagte macht u. a. geltend:

Da die Goldklausel ausdrücklich abgelehnt worden sei, so könne diese nicht zum Inhalt des Vertrages gemacht worden sein. Damit sei aber auch die Annahme ausgeschlossen, die Äquivalenz zwischen Leistung und Gegenleistung sei Grundlage des Vertrages gewesen. Die Beklagte, der unbestritten durch die Abwertung des Dollars ein Gewinn zugefallen ist, bestreitet, daß der Klägerin ein Verlust und jedenfalls in der von ihr behaupteten Höhe entstanden sei. Vorsorglich macht die Beklagte geltend, bei einem Ausgleichsanspruch sei ebenso wie bei der Aufwertung grundsätzlich nur ein Teil des Verlustes auszugleichen. Dieser Verlust sei zwischen dem Gläubiger und dem Schuldner nach den Grundsätzen der Billigkeit zu teilen.

Dem widerspricht die Klägerin und behauptet, daß der volle Verlust auszugleichen sei; sie begründet diese Anschauung damit, es handele sich vorliegend nicht um einen durch die Minderung des Volksvermögens herbeigeführten inländischen Währungsverfall, den alle Volksgenossen gleichheitlich tragen müßten, sondern um die willkürliche Herabsetzung einer ausländischen Währung, die mit dem Stand des deutschen Volksvermögens in keinem Zusammenhang stehe.

In den vorderen Rechtszügen mit der Klage abgewiesen hat die Klägerin Revision eingelegt, mit der sie den Klageantrag weiterverfolgt.

Daß das Absinken einer ausländischen Währung als ein Wegfall oder eine wesentliche Veränderung der Geschäftsgrundlage angesehen werden und einen Ausgleichsanspruch begründen kann, ist in der Rechtsprechung des Reichsgerichts anerkannt,

> RG. 141/212 = JW. 1933/1644; RG. 139/318, beide mit Nachw.,

wird auch vom Berufungsgericht angenommen. Ist aber die Erschütterung der Geschäftsgrundlage der grundlegende Rechtsgedanke für den Ausgleichsanspruch, so sind auch bei diesem die von dem Berufungsgericht für den Aufwertungsanspruch entwickelten und aus § 242 BGB. hergeleiteten Rechtsgrundsätze über die billige Abwägung der berechtigten Belange beider Beteiligten anzuwenden, und es sind dabei alle Umstände des Falles, die nach den Grundsätzen von Treu und Glauben im Verkehr für einen gerechten Ausgleich zwischen Leistung und Gegenleistung in Betracht kommen können, eingehend aufzuklären, zu prüfen und zu berücksichtigen.

RG. 141/219 = JW. 1933/1644; RG. 139/318.

Daß das Berufungsgericht diese Richtlinien überall beachtet hätte, ist dem angefochtenen Urteil nicht zweifelsfrei zu entnehmen. Im Tatbestand des Berufungsurteils wird als unbestritten festgestellt, daß der Beklagten durch die Abwertung des Dollars ein Gewinn zugefallen ist, der nicht auf der anderen Seite wieder durch Verluste ausgeglichen wird. Wenn demgegenüber das Berufungsgericht annimmt, daß die Klägerin mit 87% ihrer Forderungen befriedigt ist und nur mit 13% ausfällt, und aus diesem Grunde eine so starke Veränderung der Vertragsgrundlage verneint, daß ein starres Festhalten am Vertrag mit den Grundsätzen von Treu und Glauben im Verkehr unvereinbar wäre, so muß die erfolgte Berücksichtigung der berechtigten Interessen beider Vertragsteile doch durchgreifenden Bedenken angesichts der Tatsache begegnen, daß das Berufungsgericht anerkennt, der Verlust falle — absolut genommen — bei der Höhe der Abschlüsse ins Gewicht und möge in Anbetracht der Vermögensverhältnisse der Klägerin drückend sein. Berücksichtigt man weiter, daß die Loslösung des amerikanischen Dollars von seiner Goldbasis nicht wie z. B. der Verfall der deutschen Währung aus der Not der Zeiten und der Wirtschaftslage hervorgegangen, sondern im Wege der Gesetzgebung ohne Zwangslage und zur Erreichung bestimmter Zwecke verfügt worden ist, beachtet man ferner, daß die Klägerin durch diese Maßnahmen einen Verlust von über 21000 RM. erlitten zu haben behauptet, während der Beklagten ein entsprechend hoher Vermögensvorteil mühelos in den Schoß gefallen ist, so wird bei der weiteren Verhandlung und Entscheidung zu prüfen sein, ob nicht in diesen besonderen, nach der Rechtsprechung des Reichsgerichts zu berücksichtigenden Umständen des einzelnen Falles der vom Berufungsgericht vermißte förmliche Schrei nach einem Ausgleich zu finden ist.

Es ist aber auch nicht richtig, daß der Verlust eines Vertragsteils, den er durch Abwertung einer Währung erleidet, so groß sein müßte, daß er „förmlich nach einem Ausgleich schreien würde", jedenfalls nicht in dem Sinne, daß der Währungsverlust ein „katastrophaler" oder „vernichtender" gewesen sein müßte. Dieses Erfordernis ist allerdings in der Rechtsprechung ursprünglich aufgestellt worden, als sich der Aufwertungsgedanke noch nicht durchgesetzt hatte, und die schließlich für richtig erkannten Grundsätze für den Aufwertungsanspruch noch in ihren Anfängen standen. Damals hat man erst bei einem Wertrückgang der Geldleistung um etwa 80% eine Aufwertung zugebilligt. Allein bei dem weiteren Ausbau der Rechtsprechung hat man allmählich erheblich geringere Spannungen zwischen Leistung und Gegenleistung als eine Aufwertung rechtfertigend angesehen, wenn man auch, wie dies das angefochtene Urteil in Anlehnung an die Entscheidung RG. 141/218 = JW. 1933/1644 tut, daran festgehalten hat, daß die Zubilligung eines Ausgleichsanspruchs nach § 242 BGB. eine nur unter ganz besonderen Umständen zulässige und mit großer Vorsicht anzuwendende Ausnahme von dem das Vertragsrecht beherrschenden Grundsatz der Vertragssicherheit ist. Man hat in der Rechtsprechung in fortschreitender Durchbildung des Aufwertungsgedankens bei einem Wertrückgang der Geldleistung um 2/3, dann um die Hälfte und schließlich nur um 1/3 einen Aufwertungsanspruch gewährt.

Zeiler, AufwF. Nr. 2014, 2008.

Demnach ist die Rechtsprechung zu dem Grundsatz übergegangen, daß das die Aufwertung begründende Mißverhältnis von Anspruch und Leistung nicht grundsätzlich und zahlenmäßig fest begrenzt werden müsse,

a. a. O. Nr. 2026 und 2096,

und in einer weiteren Entscheidung des Reichsgerichts kommt der Gedanke zum Ausdruck, daß unter besonderen Umständen auch schon bei einem mäßigen Wertrückgang eine Aufwertung gerechtfertigt erscheinen könne.

Zeiler a. a. O. Nr. 1895, vgl. Nr. 1923, 1054.

Die „starren Grundsätze des Rechts", von denen das angefochtene Urteil als maßgebend spricht, sind in der Aufwertungs- und Ausgleichungsrechtsprechung mehr und mehr hinter die Grundsätze von Treu und Glauben sowie einer gerechten und billigen Abwägung der Belange aller Beteiligten unter Berücksichtigung der besonderen Umstände des Einzelfalles zurückgetreten. Bereits in einem Urteil des sechsten Zivilsenats vom 7. November 1927,

Zeiler a. a. O. Nr. 948,

wird es als die Aufgabe der Rechtsprechung bezeichnet, eine nach den Verhältnissen möglichst billige und gerechte Lösung zu finden.

Die gleichen Gedanken finden sich im Schrifttum ausgesprochen:

Zeiler DRZ. 1932/49; ders. BA. 31/200, 201; beide Aufsätze auch in der Entscheidung RG. 141/212 angezogen; ders. JW. 1935/248; ferner Best, Anleihen in Fremdwährung, Handelsblatt der Frankfurter Ztg. Nr. 101, 1935 vom 24. Februar 1935.

Will man bei dem gegenüber dem Aufwertungsanspruch rechtlich anders begründeten Ausgleichsanspruch dem Maß und der Größe des Mißverhältnisses zwischen Geldschuld und Geldleistung überhaupt Raum gewähren, so müssen auch die vorstehend erörterten Gesichtspunkte Beachtung finden, und der Ausgleichsanspruch darf nach den Umständen des vorliegenden Falles nicht an der Erwägung scheitern, daß die Klägerin „nur mit 13% ausfällt".

Die Ausführungen des angefochtenen Urteils zu diesem Streitpunkt enthalten auch einen Widerspruch, der den Bestand des Urteils gefährdet. Bei der Erörterung über die Auffassung der Vertragsteile und über die damalige Anschauung der Handelskreise bezüglich der Möglichkeit eines Dollarsturzes stellt das Berufungsgericht fest, von Amerika sei eine Währungssenkung um so weniger zu erwarten gewesen, als die Nachteile des Pfundsturzes schon einigermaßen vor Augen lagen und Amerika als Gläubiger der Welt schon wegen seiner Kriegsschuldforderungen an der Aufrechterhaltung der Währung interessiert zu sein schien. Es sei deshalb nur natürlich, daß die Streitteile in der Frage der Wertbeständigkeit des Dollars die allgemeine Auffassung geteilt hätten.

Damit ist es nicht vereinbar, wenn das Berufungsgericht feststellt, die Voraussehbarkeit einer Änderung der Währung müsse vorliegend bejaht werden, trotzdem die betreffende Möglichkeit eine entfernte war. Die Klägerin sei nicht das ahnungslose Opfer des Währungssturzes geworden; durch ihre Fahrlässigkeit habe sie den Anspruch verwirkt, nach den Grundsätzen der Billigkeit behandelt zu werden. Diesem letzteren Ausspruch kann unter keinen Umständen zugestimmt werden. Denn wenn selbst eine „entfernte" Möglichkeit, die Währungsänderung vorauszusehen, bestand, so könnte durch einen derartig geringen Grad von Fahrlässigkeit niemals der Anspruch verwirkt werden, nach den Grundsätzen der Billigkeit behandelt zu werden.

4. Abschnitt.

Der Grundsatz von Treu und Glauben im Devisenrecht.

(Das Verhältnis des inländischen Schuldners zum ausländischen Gläubiger.)

Auf das Problem der deutschen Devisenbewirtschaftung ist in einem anderen Zusammenhang oben (S. 44) schon hingewiesen worden. Während die devisenrechtliche Frage bei Währungsschuldverhältnissen ausschließlich zwischen Inländern regelmäßig in den Hintergrund treten wird, weil die Zahlung statt in Devisen ohne Schwierigkeit meist auch in Reichsmark erfolgen kann, trifft dies nicht auf solche Verträge zu, bei denen der Gläubiger ein Ausländer im Sinne der Devisengesetzgebung ist. Dabei ist es unerheblich, ob es sich um eine Forderung in Reichsmark oder in einer ausländischen Währung handelt. In allen diesen Fällen kann der inländische Schuldner ohne Genehmigung der Devisenstelle die fällige Leistung weder in der vereinbarten Auslandswährung noch in Reichsmark bewirken.

Wird die Devisengenehmigung nicht erteilt, und das ist der Regelfall, so kann nicht nur der ausländische Gläubiger, sondern auch der inländische Schuldner in eine mißliche Lage geraten. Denn wie der Gläubiger ein „Einfrieren" seiner Forderung vermeiden möchte, so hat der Schuldner ein Interesse daran, seine Verbindlichkeiten, namentlich hochverzinsliche, bei Fälligkeit zu tilgen. Aus dieser Schwierigkeit bietet auch eine Zahlung auf ein Sperrkonto des Gläubigers bei einer Devisenbank keinen Ausweg. Einmal ist hierzu ebenfalls die Devisengenehmigung erforderlich und ihre Erteilung sogar noch an besondere Voraussetzungen geknüpft (Richtlinien für die Devisenbewirtschaftung vom 4. Februar 1935, II. Abschnitt Nr. 44, vgl. unten S. 69). Außerdem wird der Gläubiger auch bei Zahlung auf Sperrkonto nicht vor einem „Einfrieren" seiner Forderung geschützt, da er in seiner Verfügungsmacht über das Konto durch § 18 des Devisengesetzes vom 4. Februar 1935 (RGBl. I S. 106, 108) beschränkt ist. Hierzu kommt, daß die Sperrmarkkonten im Ausland keineswegs voll bewertet werden; daher könnte eine Abtretung im Ausland nur mit Verlust erfolgen.

Die Folge von alledem ist, daß ein großer Teil von Verbindlichkeiten gegenüber dem Ausland bei Eintritt der Fälligkeit nicht erfüllt werden kann. Das bedeutet einen für beide Teile gleichermaßen unliebsamen Schwebezustand. Während aber der ausländische Gläubiger ohne Devisengenehmigung in keinem Falle eine vollwertige Erfüllung seiner Forderung, insbesondere durch Zahlung an sich außerhalb Deutschlands, sei es in Reichsmark, sei es in fremder Währung, erlangen kann, haben die inländischen Schuldner verschiedentlich versucht, sich auf devisenrechtlich zulässigen Wegen durch Zahlung in Reichsmark von den ihnen lästigen Verbindlichkeiten zu befreien. Die Stellungnahme des Reichsgerichts in zweien solcher Fälle soll im folgenden wiedergegeben werden.

Nr. 13. §§ 293, 242 BGB.

Der Gläubiger einer auf Reichsmark lautenden Forderung, der Ausländer im Sinne der Devisengesetzgebung ist, kommt nicht in Annahmeverzug, wenn er es ablehnt, die ihm angebotene Zahlung auf Sperrkonto bei einer Devisenbank an Erfüllungs Statt anzunehmen.

RG. Großer Senat für Zivilsachen, Beschluß vom 23. Mai 1936. BA. 35/440.

Vorbemerkung.

Abschnitt II Nr. 44 der Richtlinien für die Devisenbewirtschaftung vom 4. Februar 1935 (RGBl. I S. 119, 131) zu § 18 des Devisengesetzes lautet:

„Eine Genehmigung zur Zahlung auf ein Sperrkonto zugunsten eines Ausländers darf nur erteilt werden, wenn der Gläubiger bereit ist, diese Zahlung an Erfüllungs Statt anzunehmen, und wenn die Devisenbank, bei der das Konto geführt werden soll, versichert, daß die Gefahr einer Aufrechnung nicht besteht."

Die Frage, die sich bei den oben (S. 67f.) dargestellten Verhältnissen im Zusammenhang mit dieser Bestimmung erhob, ging dahin, ob der ausländische Gläubiger eine ihm angebotene Zahlung auf Sperrkonto an Erfüllungs Statt annehmen muß, sofern die Devisengenehmigung dazu erteilt wird. Hierbei ging das Reichsgericht davon aus, daß die Zahlung auf Sperrkonto nicht die geschuldete Leistung (§ 362 BGB.), sondern eine andere (§ 364 BGB.) ist. Da der Gläubiger nur dann in Verzug gerät, wenn er diejenige Leistung zurückweist, die der Schuldner nach dem Vertrag zu bewirken hat (§ 294 BGB.), so wurde zunächst geprüft, ob der Inhalt der Vertragsleistung durch die deutsche Devisengesetzgebung dahin geändert worden ist, daß an die Stelle der ursprünglichen Zahlung zu freier Verfügung des Gläubigers die Zahlung auf Sperrkonto getreten ist. Diese Frage wurde mangels einer ausdrücklichen Bestimmung der Devisen-Vorschriften verneint.

Weiter wurde untersucht, ob sich der Gläubiger nach Treu und Glauben (§ 242 BGB.) die Zahlung auf Sperrkonto zumuten lassen muß. Das hatte der VII. Zivilsenat in seiner Entscheidung vom 29. Januar 1935 — RG. 147/17 = JW. 35/1082 Nr. 2 = BA. 34/438 — bejaht[1]*, da durch die Devisengesetzgebung eine dauernde und objektive Unmöglichkeit entstanden sei, an einen ausländischen Gläubiger die vertragliche Zahlung zu leisten. Praktisch wollte das Reichsgericht damit vermeiden, ein Schuldverhältnis auf ungewisse*

[1]) Diese Entscheidung ist im Schrifttum heftig umkämpft worden. Vgl. hierüber die Anmerkung der Schriftleitung im BA. 35/442 und Dietrich JW. 36/1286 f.

Zeit in der Schwebe zu halten, ein Ergebnis, das letztlich für beide Teile, namentlich für den Schuldner, auf die Dauer unerträglich sei.

In dem gleichliegenden, unten wiedergegebenen Falle wollte sich der IV. Zivilsenat dieser Ansicht des VII. Senats nicht anschließen und rief daher den Großen Senat für Zivilsachen an. Dieser verneinte grundsätzlich die Verpflichtung des ausländischen Gläubigers, eine Sperrkontozahlung an Erfüllungs Statt auzunehmen. Die hieraus für den Gläubiger sich ergebende Benachteiligung sei gesetzlich, insbesondere devisenrechtlich nicht begründet, sie sei ihm aber auch allgemein nach Treu und Glauben nicht zuzumuten. Wenn das Schuldverhältnis danach auf nicht absehbare Zeit in der Schwebe bleibe, so sei dies zwar eine für den Schuldner oft drückende, aber nicht vermeidbare und vom Gesetzgeber offenbar auch gewollte Folge.

Der große Senat ließ allerdings für besondere Fälle auch eine andere Möglichkeit offen, nämlich wenn es die beiderseitigen Belange erforderten.

RG. Großer Senat für Zivilsachen, Beschluß vom 23. Mai 1936. BA. 35/440.

Der dem Großen Senat vorgelegten Frage liegt folgender Sachverhalt zugrunde:

Die Klägerin, die in Amsterdam ihren Sitz hat, hatte den in Deutschland wohnenden Beklagten einen Reichsmarkkredit gewährt, wobei die Reichsmark zum Kurse von 4,217 RM. für einen nordamerikanischen Dollar gerechnet wurde. Der Kredit war durch Goldmarkgrundschulden gesichert. Als dieser am 1. April 1932 fällig wurde, und die Beklagten zu dessen Tilgung Zahlung von Reichsmark auf Sperrkonto anboten, welche die Devisenstelle genehmigen wollte, weigerte sich die Klägerin, eine solche Zahlung als Leistung an Erfüllungs Statt anzunehmen. Die Beklagten hinterlegten darauf das Geld bei einem Notar. Als die Klägerin im Oktober 1932 erklärte, für Reichsmarkbeträge Verwendung in Deutschland zu haben, beschafften die Beklagten die erforderlichen Genehmigungen der Devisenstelle und zahlten im Dezember 1932 den größten Teil der Hauptschuld an deutsche Stellen für Rechnung der Klägerin. Diese erklärte sich in entsprechender Höhe für befriedigt und gab die Grundschulden frei.

Dann kam es zum Streit wegen der Zinsen, welche die Beklagten nur zum Teil bezahlt hatten. Die Beklagten bestreiten, die von der Klägerin jetzt eingeklagten restlichen Vertragszinsen schuldig zu sein und wollen solche nur bis zum 1. April 1932 geschuldet haben, weil die Gläubigerin seit diesem Tage in Annahmeverzug gewesen sei.

Das Berufungsgericht hat unter Anwendung deutschen Rechts den auf Zahlung der Zinsen gerichteten Klageantrag abgewiesen; es nimmt im Anschluß an das Urteil des VII. Zivilsenats des Reichsgerichts vom 29. Januar 1935 — VII. 272/34 — (RG. 147/17) an, daß die Beklagten nach § 301 BGB. wegen Annahmeverzugs der Gläubigerin seit dem 1. April 1932 keine Zinsen zu entrichten haben.

Nach § 293 BGB. kommt der Gläubiger in Annahmeverzug, wenn er die ihm angebotene Leistung nicht annimmt. Unter der Leistung ist die nach dem Vertrag geschuldete Leistung zu verstehen. Es kommt deshalb für die zur Entscheidung stehende Frage darauf an, ob die Zahlung auf Sperrmarkkonto bei einer Devisenbank auch dann als die geschuldete Leistung anzusehen ist, wenn der Gläubiger mit einer solchen Zahlung nicht einverstanden ist. Das wäre der Fall, wenn bei Genehmigung der Devisenstelle zu einer solchen Zahlung der Inhalt des Schuldverhältnisses in dem Sinne geändert würde, daß der Schuldner an Stelle der ursprünglichen Reichsmarkzahlung nunmehr Zahlung auf Sperrmarkkonto schuldete. Das zwischen Gläubiger und Schuldner bestehende Rechtsverhältnis kann allerdings durch die Vorschriften über die Devisenregelung auch sachlich-rechtlich berührt werden.

RG. 143/327 (328).

Bei der Frage, in welchem Umfang dies geschieht, müssen aber in erster Linie die Bestimmungen der Devisengesetzgebung selbst herangezogen werden. Weder die Verordnung über die Devisenbewirtschaftung vom 1. August/17. November 1931 (RGBl. I S. 421, 679) nebst Durchführungsverordnungen noch diejenige vom 23. Mai 1932 (RGBl. I S. 231) noch das Gesetz über die Devisenbewirtschaftung vom 4. Februar 1935 (RGBl. I S. 106) enthalten eine Bestimmung des Inhalts, daß der Gläubiger verpflichtet sei, bei einem genehmigungspflichtigen Geschäft eine Zahlung des Schuldners auf Sperrkonto bei einer Devisenbank als Zahlung an Erfüllungs Statt anzunehmen. Vielmehr sind im zweiten Abschnitt (§§ 9 bis 28) des Gesetzes vom 4. Februar 1935 — „Genehmigungsbedürftige Handlungen" — lediglich die einzelnen Handlungen genannt, die nur mit Genehmigung vorgenommen werden dürfen, und im vierten Abschnitt (§§ 38 bis 41) — bürgerlich-rechtliche und zivilprozessuale Vorschriften — sind nur hinsichtlich der Nichtigkeit solcher Geschäfte, die gegen einzelne Vorschriften verstoßen, Bestimmungen getroffen.

Auch die Richtlinien für die Devisenbewirtschaftung vom 23. Juni 1932 (RGBl. I S. 317) und diejenigen vom 4. Februar 1935 (RGBl. I S. 119), deren Wert für die Auslegung der Verordnungen und des Gesetzes anerkannt,

RG. 143/327 (328),

und auch für die Auslegung der älteren Vorschriften anzuerkennen ist, enthalten keine Bestimmung, aus der sich entnehmen ließe, daß der Leistungsinhalt des Schuldverhältnisses durch die Genehmigung geändert würde. Im Gegenteil sprechen die Richtlinien gegen eine solche Annahme. Denn in den Richtlinien vom 4. Februar 1935 ist im IV. Abschnitt unter Nr. 43 bestimmt, daß bei Altkrediten, die an inländische Handels- oder Industriefirmen oder Privatpersonen gegeben worden sind, die Genehmigung zur Rückzahlung des fälligen Gesamtbetrages oder eines fälligen Teilbetrages in Reichsmark auf ein Sperrkonto bei einer Devisenbank erteilt werden kann, wenn die Voraussetzungen des Abschnitts II Nr. 44 erfüllt sind. Letztere Bestimmung besagt aber, daß eine Genehmigung zur Zahlung auf ein Sperrkonto zugunsten eines Ausländers nur erteilt werden darf, wenn der Gläubiger bereit ist, diese Zahlung an Erfüllungs Statt anzunehmen, und wenn die Devisenbank, bei der das Konto geführt werden soll, versichert, daß die Gefahr einer Aufrechnung nicht besteht. Die gleiche Regelung war, soweit die Bereitwilligkeit des Gläubigers in Frage kommt, in Abschnitt I Nr. 8 der Richtlinien vom 23. Juni 1932 getroffen.

Die Richtlinien machen also die Erteilung der Genehmigung ausdrücklich von der Bereitwilligkeit des Gläubigers zur Annahme der Zahlung an Erfüllungs Statt abhängig. Die im Schrifttum stellenweise vertretene Auffassung, durch diese Regelung solle nur verhindert werden, daß der Gläubiger die Kreditsperrmark annehme, verwerte, und dann die deutschen Schuldner vor den ausländischen Gerichten auf den Ausfall in Anspruch nehme, um in dessen ausländisches Vermögen auf Grund des im Ausland erzielten Urteils vollstrecken zu können, ist unzutreffend. Vielmehr beruht die von der Devisengesetzgebung getroffene Regelung auf dem Gedanken, daß die sich aus der deutschen Devisennot für die Erfüllung der Forderungen ausländischer Gläubiger ergebenden Schwierigkeiten möglichst im Wege freiwilliger Vereinbarung zwischen Gläubiger und Schuldner behoben werden sollen. Es ist derselbe Gedanke, auf dem die deutschen Stillhalteabkommen (vgl. Richtlinien vom 4. Februar 1935, I. Abschnitt Nr. 1) beruhen, nach denen es dem einzelnen Bankgläubiger freisteht, ob er dem Abkommen beitreten und sich mit einer vom Leistungsinhalt abweichenden Erfüllung des Schuldverhältnisses zufriedengeben will.

Nur in einem Punkt hat der deutsche Gesetzgeber eine andere Regelung getrofffen, nämlich in § 1 des Gesetzes über Zahlungsverbindlichkeiten gegenüber dem Ausland vom 9. Juni 1933 (RGBl. I S. 349). Danach hat der Schuldner Zinsen, Gewinnanteile und regelmäßige Tilgungsbeträge, ferner Mietziensen, Pachtzinsen und ähnliche regelmäßig wiederkehrende Leistungen aus Guthaben, Krediten, Anleihen, Hypotheken, Grundschulden, Beteiligungen und anderen Vermögensanlagen von Ausländern bei vertragsmäßiger Fälligkeit in Reichsmark zugunsten des ausländischen Gläubigers an die Konversionskasse für deutsche Auslandschulden zu zahlen. In Abs. 2 ist dann ausdrücklich bestimmt, daß, soweit der Schuldner an die Konversionskasse zahlt, er von seiner Verpflichtung frei wird.

Gerade der Umstand, daß der Gesetzgeber hier diese ausdrückliche Regelung getroffen hat, spricht dafür, daß in den anderen Fällen, insbesondere also bei Rückzahlung der Hauptforderung, der Gläubiger nicht verpflichtet ist, die Zahlung auf Sperrmarkkonto an Erfüllungs Statt gegen seinen Willen anzunehmen. Wenn der Gesetzgeber eine solche Verpflichtung hätte begründen wollen, so hätte er dies klar gesagt. Das muß namentlich deshalb angenommen werden, weil durch eine solche Umwandlung des Leistungsinhalts die Belange des Gläubigers wesentlich berührt würden. Ihm würde ein anderer Schuldner aufgenötigt, für seine Forderung bestehende Pfandrechte würden erlöschen, und in den meisten Fällen würde er eine viel geringere Verzinsung erzielen; auch werden die Sperrmarkguthaben im Ausland keineswegs voll bewertet. Eine Umwandlung des Leistungsinhalts des Schuldverhältnisses wird auch nicht durch den Zweck des Devisengesetzes und seiner Durchführungsvorschriften bedingt; denn nach Abschnitt I Nr. 6 der Richtlinien vom 4. Februar 1935 ist Zweck dieser Bestimmungen, den ungeregelten Abfluß von Devisen aus der deutschen Wirtschaft zu verhüten und die vorhandenen und anfallenden Devisen zweckmäßig zu bewirtschaften.

Hiernach bewirkt nach dem Inhalt der Devisengesetzgebung die Erteilung der Genehmigung zur Einzahlung auf Sperrmarkkonto seitens der Devisenstelle nicht, daß nunmehr die geschuldete Leistung gemäß dem Inhalt der Genehmigung geändert und diese geänderte Leistung geschuldet würde. Vielmehr hat der Gesetzgeber bewußt eine solche Regelung aus wirtschaftspolitischen Gründen nicht getroffen.

Das Urteil des VII. Zivilsenats des Reichsgerichts vom 29. Januar 1935 nimmt auch selbst nicht an, daß eine solche Änderung des Schuldverhältnisses sich aus der Devisengesetzgebung selbst ergebe, sondern gründet sich auf die Erwägung, daß der Gläubiger gegen Treu und Glauben verstoße (§ 242 BGB.), wenn er sich weigere, die Zahlung auf Sperrmarkkonto als Leistung an Erfüllungs Statt anzunehmen.

Wenn aber die Devisengesetzgebung selbst das Schuldverhältnis nicht umwandelt, sondern bestehen läßt, kann daneben nicht allgemein gelten, daß der Gläubiger gegen Treu und Glauben verstoße, wenn er sich weigert, eine Zahlung auf Sperrmarkkonto an Erfüllungs Statt anzunehmen.

Denn wenn dies der Fall sein sollte, hätte der Gesetzgeber selbst eine dahingehende Regelung getroffen. Das schließt nicht aus, daß im Einzelfalle unter Berücksichtigung der beiderseitigen Belange eine Weigerung des Gläubigers, die Zahlung auf Sperrmarkkonto als Leistung an Erfüllungs Statt anzunehmen, gegen Treu und Glauben verstoßen und der Gläubiger verpflichtet sein kann, eine solche Zahlung an Erfüllungs Statt anzunehmen; denn der das deutsche Schuldrecht beherrschende Grundsatz von Treu und Glauben (§ 242 BGB.) ergreift auch derartige Schuldverhältnisse. Nach diesem Grundsatz ist der Schuldner auch regelmäßig verpflichtet, auf Verlangen des Gläubigers Zahlung auf Sperrmarkkonto zu leisten, wenn die Devisenstelle diese genehmigt.

In diesem Zusammenhang erhebt sich die Frage, ob der Schuldner in den Fällen, wo der Gläubiger sich weigert, eine Zahlung auf Sperrmarkkonto an Erfüllungs Statt anzunehmen, nach den §§ 372, 378 BGB. durch Hinterlegung unter Verzicht auf das Recht zur Rücknahme sich von seiner Verbindlichkeit befreien kann. Der VII. Zivilsenat des Reichsgerichts hat dies in dem genannten Urteil zur Stütze seiner auf § 242 BGB. beruhenden Entscheidung in Übereinstimmung mit einem Urteil des V. Zivilsenats des Reichsgerichts vom 4. Mai 1932 — V 41/32 —,

WarnRspr. 1935 Nr. 63 und HRR. 1932 Nr. 1832,

angenommen.

Der Große Senat verneint auch diese Frage.

Die genannten Entscheidungen nehmen an, wenn der Gläubiger seinen Wohnsitz im Ausland habe, so liege der in § 372 BGB. erwähnte Fall vor, daß der Schuldner aus einem anderen, in der Person des Gläubigers liegenden Grunde als dem des Annahmeverzugs seine Verbindlichkeit nicht erfüllen könne. Dieser Auffassung kann der Große Senat nicht beitreten. Rechtsprechung und Schrifttum halten einen in der Person des Gläubigers liegenden Grund namentlich dann für gegeben, wenn der Gläubiger geschäftsunfähig oder beschränkt geschäftsfähig oder abwesend ist und keinen gesetzlichen Vertreter oder Bevollmächtigten hat. In diesen Fällen liegt der Grund für das Hindernis der Erfüllungsmöglichkeit ausschließlich in der Person des einzelnen Gläubigers.

In dem hier zur Erörterung stehenden Fall trifft dies aber nicht zu. Das zeigt sich schon darin, daß in der Regel der Schuldner seine Verbindlichkeit erfüllen könnte, wenn auch er seinen Wohnsitz im Ausland, oder wenn Gläubiger und Schuldner ihren Wohnsitz im Inland hätten. Das Hindernis liegt also darin, daß die deutsche Devisengesetzgebung in den Fällen, in denen der Gläubiger den Wohnsitz im Ausland, der Schuldner den Wohnsitz im Inland hat, dem Schuldner durch einen Eingriff von hoher Hand verbietet, die ihm vertraglich obliegende Leistung zu erfüllen. Der Hinderungsgrund liegt hiernach überwiegend auf seiten des Schuldners und nicht in der Person des Gläubigers. Im übrigen würde es kein befriedigendes Ergebnis sein, wenn der ausländische Gläubiger zwar nach der Devisengesetzgebung nicht gezwungen werden kann, Zahlung auf Sperrmarkkonto an Erfüllungs Statt anzunehmen, der Schuldner aber gleichwohl sich wegen einer solchen Weigerung des Gläubigers durch Hinterlegung, die übrigens nach § 11 des Devisengesetzes vom

4. Februar 1935 genehmigungspflichtig wäre, von seiner Verbindlichkeit befreien könnte; denn durch eine solche Hinterlegung würden die Belange des Gläubigers nicht weniger beeinträchtigt als durch die Zahlung auf Sperrmarkkonto.

Hiernach bleibt bei dem jetzigen Stande der Gesetzgebung das Schuldverhältnis vorläufig in der Schwebe, wenn der Gläubiger sich weigert, Zahlung auf Sperrmarkkonto als Leistung an Erfüllungs Statt anzunehmen. Das kann sicher zu Härten für den inländischen Schuldner führen, der ein Interesse daran hat, sich von seiner Verbindlichkeit zu befreien. Daß der deutsche Gesetzgeber das übersehen hätte, ist bei der Wichtigkeit der Frage ausgeschlossen. Wenn er gleichwohl diese Gesetzeslage geschaffen hat, so ist dies im Interesse der deutschen Wirtschaft geschehen. Die im Schrifttum geäußerte Meinung, es entspreche dem neuzeitlichen Rechtsempfinden, wenn eine Interessenstreit zwischen dem ausländischen Gläubiger und dem inländischen Schuldner zugunsten des letzteren entschieden werde, ist verfehlt. Abgesehen davon, daß devisenrechtlich für den Begriff des Ausländers und des Inländers nicht deren Staatsangehörigkeit, sondern deren Wohnsitz, gewöhnlicher Aufenthalt, Sitz oder Ort der Leitung maßgebend ist (§ 6 Abs. 6 des Gesetzes vom 4. Februar 1935), übersieht diese Meinung, daß bei der zur Erörterung stehenden Frage die Belange der gesamten deutschen Wirtschaft und die des einzelnen inländischen Schuldners keineswegs stets die gleichen sind. Es entspricht aber gerade dem nationalsozialistischen Rechtsempfinden, daß bei einem Widerstreit die Interessen des einzelnen hinter denen der Allgemeinheit zurücktreten.

Nr. 14. § 242 BGB.

Hat eine deutsche Bank aus von ihr im Ausland aufgenommenen, unter das Stillhalteabkommen fallenden Währungskrediten ihrem inländischen Kunden in gleicher Währung „effektiv" einen Kredit gewährt, so kann es der Bank nach Treu und Glauben nicht zugemutet werden, von dem Kunden Reichsmarkzahlungen zum Tageskurs an Erfüllungs Statt anzunehmen.

RG. IV. 16. März 1936. JW. 1936/1284 Nr. 3 = BA. 35/367.

Vorbemerkung.

Der hiesige Fall unterscheidet sich von dem vorhergehenden im Grunde nur dadurch, daß dort dem inländischen Schuldner der ausländische Gläubiger unmittelbar gegenüberstand (vgl. oben S. 61ff.). Der Große Senat für Zivilsachen hatte in jenem Fall festgestellt, daß der ausländische Gläubiger nicht verpflichtet sei, eine Sperrkontozahlung seines inländischen Schuldners an Erfüllungs Statt anzunehmen.

Hier dagegen hatte der inländische Schuldner nicht unmittelbar von einem Ausländer einen Kredit in fremder Währung erhalten. Einen solchen Kredit hatte vielmehr eine deutsche Bank im Ausland aufgenommen. Und aus diesem Kredit hatte die Bank wieder ihrem inländischen Kunden ein Darlehn in der gleichen Währung gegeben, das der Kunde bei Fälligkeit „effektiv" (§ 244 Abs. 1 Halbsatz 2 BGB.) zurückzahlen sollte.

Derartige Kredite in fremder Währung wurden von der deutschen Bankenkundschaft seit der Inflation häufig bevorzugt. Das entsprach dem Gebrauch, auch inländische Bankkonten in Fremdwährung anzulegen, um Verlusten durch eine Entwertung der Mark vorzubeugen (vgl. oben S. 43ff.). Daher mußten die deutschen Banken auch ihrerseits Valutenkonten bei ihren ausländischen Korrespondenten unterhalten, um jederzeit in der Lage zu sein, ihren Kunden die erforderlichen Währungsbeträge zur Verfügung zu stellen.

Seit dem Jahre 1931 unterband die deutsche Devisengesetzgebung nicht nur die „effektive" Rückzahlung der Kredite vom inländischen Schuldner an die deutsche Bank, sondern vor allem auch die Glattstellung der von diesen wiederum im Ausland aufgenommenen Währungskredite. Dieses letzte Verhältnis zwischen den Banken und ihren ausländischen Gläubigern wurde in den Stillhalteabkommen einem Stundungsverfahren unterworfen. Hieraus ergaben sich aber nur vereinzelte Rückwirkungen auf das Verhältnis zwischen den Banken und ihren inländischen Schuldnern. Insbesondere wurde die Abdeckung der Fremdwährungskredite innerhalb dieses Verhältnisses nicht näher geregelt.

Auch hier zeigte sich vielfach das Bestreben der inländischen Schuldner, die ihnen infolge der Devisenlage sehr lästig gewordenen Währungskredite bei ihren deutschen Bankgläubigern abzudecken. Da eine Zahlung in der vereinbarten Fremdwährung devisenrechtlich regelmäßig ausgeschlossen war, boten die Kunden den Banken Reichsmark an Erfüllungs Statt an. Die Banken konnten jedoch hierauf nicht eingehen, weil sie mit dem Erlöschen der Valutenforderungen gegen ihre inländischen Kunden das Währungsrisiko gegenüber ihren Auslandsgläubigern allein hätten tragen müssen.

Diesen Standpunkt der Banken hat der IV. Zivilsenat in der vorliegenden Entscheidung für berechtigt erklärt, indem er die Feststellungsklage des inländischen Kunden dahin, die Bank müsse anstatt Pfund Reichsmark als Erfüllung annehmen, entgegen dem Kammergericht abwies. Die Entscheidung befaßt sich also im Grunde mit der gleichen Frage wie der vorher dargestellte Beschluß des Großen Senats vom 23. Mai 1936 (oben S. 70). Diesen hatte übrigens der IV. Zivilsenat herbeigeführt.

Das vom IV. Senat hervorgehobene Unterscheidungsmerkmal, es handele sich hier bei Gläubiger und Schuldner gleichermaßen um

Inländer, während in jenem Falle dem inländischen Schuldner ein ausländischer Gläubiger gegenübergestanden hätte, ist lediglich äußerlicher Natur und liegt neben dem Kern der Sache. Diese Unterscheidung diente nur dazu, eine Anrufung des großen Senats auch in dieser Sache zu vermeiden. Der Große Senat ist allerdings in seinem Beschluß vom 23. Mai 1936 der vorliegenden Entscheidung grundsätzlich beigetreten. Die Kernfrage des Problems in beiden Fällen: Ist es das geringere Übel, dem Gläubiger gegen seinen Willen eine mindere Leistung aufzwingen, oder das Schuldverhältnis auf ungewisse Dauer in der Schwebe zu halten, ist demnach grundsätzlich im zweiten Sinne entschieden worden.

RG. IV. 16. März 1936. JW. 1936/1284 Nr. 3 = BA. 35/367.

Die Klägerin, die früher ein Bankgeschäft betrieb und sich jetzt in Liquidation befindet, nahm im Jahre 1929 von der Beklagten einen Kredit von 10 000 englischen Pfund auf mit der Vereinbarung der Rückzahlung in effektiver englischer Währung. Am 7. Juni 1934 sandte die Klägerin der Beklagten einen Scheck über 126 800 RM. mit dem Auftrag, den Scheckbetrag zur Abdeckung der Pfundschuld zu verwenden. Die Beklagte lehnte das ab. Sie schrieb der Klägerin den Scheckbetrag am 7. September 1934 auf einem besonderen Reichsmarkkonto gut.

Die Klägerin begehrt mit der vorliegenden Klage Feststellung dahin, daß sie zum amtlichen Berliner Briefkurs des Zahlungstags die Umrechnung der gezahlten Reichsmark in Pfund verlangen könne.

Das Landgericht hat die Klage abgewiesen. Das Kammergericht hat dem Klageantrag entsprechend erkannt. Das Reichsgericht hat aufgehoben und die Klage abgewiesen.

1. Einer Genehmigung der Devisenstelle für die Durchführung der erhobenen Feststellungsklage bedarf es nicht, da mit einer solchen Klage keine Leistung des Schuldners verlangt wird (Richtlinien für die Devisenbewirtschaftung vom 4. Februar 1935, 3. Abschn. Ziff. 4 Abs. 4; übereinstimmend Richtlinien für die Devisenbewirtschaftung vom 23. Juni 1932, 2. Abschn. Ziff. 69 Abs. 3).

2. Das Berufungsgericht stellt im Tatbestand des angefochtenen Urteils fest, daß bei der Aufnahme des Kredits von 10 000 englischen Pfund im Jahre 1929 zwischen den Parteien die Abrede getroffen worden ist, daß das Darlehn in englischer Währung effektiv zurückgezahlt werden solle.

3. Für die weitere Erörterung ist von den im ersten Absatz des Tatbestandes des Berufungsurteils getroffenen Feststellungen auszugehen, daß der Kredit von 10 000 englischen Pfund aus Krediten stammte, die die Beklagte ihrerseits aus dem Ausland in englischen Pfund erhalten hatte. — Es handelte sich also um eine in ausländischer Währung ausgedrückte, im Inland zu zahlende Geldschuld, deren Zahlung in ausländischer Währung damals ausdrück-

lich bedungen war (§ 244 Abs. 1 Halbs. 2 BGB.); der Gebrauch des Wortes „effektiv“ wird von der Rechtsprechung ständig im Sinne der vom Gesetz erforderten ausdrücklichen Vereinbarung der Zahlung in ausländischer Währung verstanden.

RGRK. § 244 BGB. Anm. 2.

Das Berufungsgericht ist der Meinung, daß die Klägerin trotzdem zur Rückzahlung in Reichswährung berechtigt gewesen sei, und zwar zum Tageskurs des englischen Pfund vom 7. September 1934, an welchem Tag die Beklagte den Wert des ihr von der Klägerin übersandten Schecks von 126 800 RM. der Klägerin auf Reichsmarkkonto gutgeschrieben hat. Das Berufungsgericht will zu diesem Zweck den § 245 BGB. entsprechend anwenden, der beim Vorliegen einer Münzsortenschuld, wenn sich die Münzsorte zur Zeit der Zahlung nicht mehr im Umlauf befindet, die Rückzahlung so gestattet, wie wenn die Münzsorte nicht bestimmt worden wäre. Ferner will das Berufungsgericht zur Begründung seiner Ansicht den § 242 BGB. heranziehen, indem es ausführt, daß durch die bestehende Devisengesetzgebung für die Klägerin eine dauernde und objektive Unmöglichkeit entstanden sei, ihre Schuld in englischen Pfund zu tilgen; hieraus folge nach Treu und Glauben für die Klägerin das Recht, ihre Pfundschuld in Reichsmark nach dem Pfundkurs zur Zahlungszeit zurückzuzahlen; zur Begründung bezieht sich das Berufungsgericht auf ähnliche Erwägungen, die in dem Urteil des VII. Zivilsenats des Reichsgerichts vom 29. Januar 1935,

RG. 147/17 = JW. 1935/1082 Nr. 2[1])

enthalten seien.

Gegen beide Begründungen richtet sich der Angriff der Revision, von der geltend gemacht wird, daß eine entsprechende Anwendung des § 245 BGB. nicht gerechtfertigt sei, da nicht davon die Rede sein könne, daß englische Pfund sich nicht mehr im Umlauf befänden; ebensowenig liege eine dauernde Unmöglichkeit vor, auf gesetzmäßige Weise englische Pfund zu erlangen; mit Treu und Glauben (§ 242 BGB.) sei es nicht vereinbar, der Beklagten, die ihrerseits zur Zeit keine Rückzahlung des Pfunddarlehns von der Klägerin verlange, gegen ihren Willen deutsche Währung an Erfüllungs Statt aufzudrängen.

Dieser Rüge ist der Erfolg nicht zu versagen. Zu einer entsprechenden Anwendung des § 245 BGB. liegt kein Anlaß vor. Dieser Paragraph enthält für die Münzsortenschuld eine Ausnahmevorschrift von den allgemeinen Grundsätzen über Unmöglichkeit der Leistung,

RGRK. § 245 BGB. Anm. 2,

und ist als solche zu einer ausdehnenden Anwendung nicht geeignet. Auch der Hinweis der Klägerin auf RG. 107/370 = JW. 1924/461

---

[1]) vgl. oben S. 69.

geht fehl; dort handelte es sich um eine Münzsortenklausel (Goldmünzklausel); das Reichsgericht hat dort ausgesprochen, daß Goldmünzen — wenn sie auch noch gesetzliches Zahlungsmittel geblieben sind — seit den Kriegsgesetzen vom 4. August 1914 aus dem deutschen Verkehr verschwunden sind, also tatsächlich sich nicht mehr im Umlauf befinden, und daß daher die Anwendung des § 245 BGB. auf diesen Fall gerechtfertigt sei. Im vorliegenden Fall liegt keine Münzsortenklausel vor, sondern eine Währungsklausel, und es kann auch, worauf die Revision zutreffend hinweist, nicht davon gesprochen werden, daß, wie in jenem Fall die Goldmünzen, so hier die englischen Pfund in Deutschland tatsächlich überhaupt nicht mehr im Umlauf seien.

Hinsichtlich der von der Revision gerügten Anwendung des § 242 BGB. bedarf es einer Prüfung der durch die Devisengesetzgebung für das Verhältnis zwischen den Parteien geschaffenen Rechtslage. Diese Prüfung ergibt folgendes: Forderungen, bei denen der Gläubiger Anspruch auf Zahlung in effektiver ausländischer Währung hat, sind Forderungen in ausländischer Währung.

§ 2 Abs. 2 der zur Zeit der Scheckübersendung in Kraft befindlichen DevVO. vom 23. Mai 1932; gleichlautend mit § 6 Abs. 2 des jetzigen DevG. vom 4. Februar 1935.

Über Forderungen in ausländischer Währung darf nur mit schriftlicher Genehmigung einer Devisenstelle verfügt werden.

§ 4 DevVO. vom 23. Mai 1932; gleichlautend mit § 9 Abs. 2 des DevG. vom 4. Februar 1935.

Der Begriff der Verfügung über die Forderung umfaßt hier, außer Veräußerung und Verpfändung, auch die Leistung durch den Schuldner und die Annahme der Leistung durch den Gläubiger.

RGSt. 67/130, 137.

Wenn die Genehmigung der Devisenstelle nicht vorliegt, so ist die Zahlung der Schuld in ausländischer Währung und die Annahme derselben nichtig und verboten.

§§ 29, 36 DevVO. vom 23. Mai 1932; §§ 38, 42 des DevG. vom 4. Februar 1935.

Eine verbotene Leistung ist nach der herrschenden Auffassung rechtlich als eine unmögliche Leistung anzusehen.

RGRK. § 275 BGB. Anm. 2; Staudinger, Vorbem. vor § 275 unter A I 1 b.

Diese durch die Devisengesetzgebung herbeigeführte Unmöglichkeit ist jedoch keine dauernde. Der Zweck des Devisengesetzes und seiner Durchführungsvorschriften ist in den geltenden Richtlinien für Devisenbewirtschaftung vom 4. Februar 1935,

1. Abschn. Ziff. 6; ebenso 1. Abschn. Ziff. 1 der Richtlinien von 1932,

dahin bestimmt, den ungeregelten Abfluß von Devisen aus der deutschen Wirtschaft zu verhüten und die vorhandenen und anfallenden Devisen zweckmäßig zu bewirtschaften; dabei soll auf die volkswirtschaftlich gerechtfertigten Bedürfnisse Rücksicht genommen werden, soweit sie bei der gegenwärtigen Lage irgendwie befriedigt werden können.

Es ergibt sich daraus, daß das Devisengesetz als Notgesetz lediglich den augenblicklichen Bedürfnissen dienen soll, und daß von dem Devisengesetz vorausgesetzt wird, daß die freie Bewirtschaftung der normale Zustand ist. Es widerspricht also dem Sinn der Devisengesetzgebung, wenn ihr unterstellt wird, daß sie eine dauernde Unmöglichkeit zur Erfüllung von Devisenverpflichtungen schafft.

Holbeck, BA. 35/215.

Daher wird durch das Fehlen der Genehmigung der Devisenstelle keine dauernde, schuldbefreiende Unmöglichkeit bewirkt (§ 275 BGB.). Die vom Reichsgericht gebilligte Rechtsprechung geht deshalb dahin, die Klage auf eine genehmigungspflichtige Leistung, wenn die Genehmigung der Devisenstelle nicht beigebracht ist, nicht endgültig, sondern nur als zur Zeit unbegründet abzuweisen; der Erneuerung der Klage, nach späterer Erteilung der Devisengenehmigung oder bei künftiger Lockerung oder Aufhebung der Devisengesetzgebung, steht nichts im Wege.

Die Bedenken, die gegen diese Annahme einer nur zeitweisen Unmöglichkeit und gegen die sich daraus ergebenden Folgerungen erhoben werden können, sind nicht durchgreifend. Der erkennende Senat schließt sich in dieser Beziehung den Ausführungen von

Hartenstein, Devisennotrecht, Berlin 1935, S. 300,

an, daß es zwar gewiß ein unerwünschter Zustand ist, wenn ein Rechtsgeschäft jahrelang nicht zur Abwicklung gebracht werden kann, daß es aber nicht angeht, diesen Zustand dadurch zu beheben, daß man den Schuldner endgültig von seiner Leistung freistellt, also, bei dem zur Entscheidung stehenden Fall, dem Gläubiger endgültig seinen Anspruch auf Rückzahlung in der vereinbarten effektiven Auslandswährung nimmt.

In der Rechtsprechung und im Schrifttum ist der Versuch gemacht worden, die unerwünschten Wirkungen, die sich aus der Devisengesetzgebung für das Verhältnis zwischen Schuldner und Gläubiger ergeben, dadurch abzuschwächen, daß der Grundsatz des § 242 BGB. zur Anwendung gebracht worden ist, wonach der Schuldner verpflichtet ist, die Leistung so zu bewirken, wie Treu und Glauben es erfordern. Es ist von der Rechtsprechung anerkannt worden, daß der Schuldner einer den Devisengesetzen unterworfenen Forderung nach Treu und Glauben verpflichtet ist, sich um die Herbeiführung der Genehmigung der Devisenstelle zu bemühen, und es ist ferner ausgesprochen worden, daß der Schuldner nach Treu und Glauben verpflichtet ist, die durch die Devisengesetzgebung etwa erforderlich werdenden Änderungen in der Art der geschuldeten Leistung auf sich zu nehmen, sofern er dadurch nicht beschwert wird. So ist der ausländische Gläubiger für berechtigt erklärt worden, vom Schuldner eine von der vertragsmäßigen abweichende, den Vorschriften des Devisengesetzes oder den Anordnungen der Devisenstelle entsprechende Zahlungsweise, etwa durch Einzahlung auf Sperrkonto bei einer Devisenbank oder durch Zahlung in Reichsmark an einen von der Devisenstelle bezeichneten inländischen Dritten, zu verlangen.

RG. I 8. Dezember 1934: JW. 1935/921 Nr. 1; RG. VII 29. Januar 1935: RG. 147/17.

Folgerichtig wäre, im vorliegenden Fall der Beklagten, wenn sie dieses Verlangen stellen würde, das Recht zuzusprechen, statt der vertragsmäßigen Zahlung in effektiven Pfund von der Klägerin Zahlung in Reichswährung zum Pfundkurs des Zahlungstages zu verlangen, weil die Klägerin durch eine solche Zahlungsweise nicht beschwert sein würde.

In der letztgenannten Entscheidung vom 29. Januar 1935, auf die sich auch das Berufungsgericht in seiner Urteilsbegründung bezieht, hat der VII. Zivilsenat des Reichsgerichts den Grundsatz des § 242 BGB. auch auf den umgekehrten Fall angewendet und hat den ausländischen Gläubiger nach Treu und Glauben für verpflichtet erklärt, statt Barzahlung eine ihm vom deutschen Schuldner angebotene Einzahlung auf Reichsmarksperrkonto gegen seinen Willen an Erfüllungs Statt anzunehmen. Dem würde es, so meint das Berufungsgericht, im vorliegenden Fall entsprechen, die Beklagte nach Treu und Glauben als verpflichtet anzusehen, den ihr von der Klägerin übersandten Reichsmarkscheck zum Pfundkurs des Tages der Scheckeinlösung zur Ausgleichung ihrer Pfundforderung zu verwenden.

Der erkennende Senat glaubt, an jener vom VII. Zivilsenat in seiner Entscheidung vom 29. Januar 1935 zum Ausdruck gebrachten Auffassung nicht festhalten zu sollen, und hat deshalb bereits in einer gleichliegenden Sache, bei der es sich ebenfalls um das Angebot der Zahlung auf Reichsmarksperrkonto an den ausländischen Gläubiger handelte, beschlossen, gemäß § 137 Abs. 1 des Gerichtsverfassungsgesetzes in der Fassung des Gesetzes vom 28. Juni 1935 die Entscheidung des Großen Senats für Zivilsachen herbeizuführen (Beschluß vom 30. Januar 1936, IV 263/35) [1]. Der erkennende Senat erachtet es jedoch in der jetzt zur Entscheidung stehenden Sache nicht für erforderlich, die Entscheidung des Großen Senats in jener Sache abzuwarten.

[1]) Die Entscheidung des Großen Senats ist oben S. 70ff. wiedergegeben.

Der gegenwärtig zu entscheidende Fall liegt anders als jene beiden Fälle, indem es sich jetzt nicht um das Verhältnis eines inländischen Schuldners zu einem ausländischen Gläubiger handelt, sondern um Inländer sowohl auf der Schuldner- als auf der Gläubigerseite.

Die Auffassung des erkennenden Senats geht dahin, daß bei Anwendung des Grundsatzes von Treu und Glauben nicht nur die Verhältnisse des Schuldners, sondern in gleicher Weise auch die des Gläubigers zu berücksichtigen sind. — Sicherlich hat nun im vorliegenden Fall die Klägerin als Schuldnerin einer effektiven Pfundschuld ein Interesse daran, sich von ihrer Verbindlichkeit befreien zu können, und dieses Interesse mag bei ihr in erhöhtem Maße vorliegen, da sie sich in Liquidation befindet. Auf der Seite der Beklagten ist aber zu berücksichtigen, daß, wie im Tatbestand des Berufungsurteils festgestellt ist, das Darlehn, das sie der Klägerin gegeben hat, aus Krediten stammt, die die Beklagte ihrerseits aus dem Ausland in englischen Pfund erhalten hatte. Diesen Kredit in Reichsmark abzudecken, ist die Beklagte keineswegs ohne weiteres in der Lage, und deshalb hat die Beklagte auch kein Interesse daran, von ihrer Schuldnerin, der Klägerin, statt der vereinbarten Pfundwährung Reichsmark zu erhalten. Über den Zusammenhang, der zwischen der Währungsschuld der Klägerin an die Beklagte und den von der Beklagten gegenüber dem Ausland eingegangenen Verbindlichkeiten besteht, bedarf es keiner weiteren tatsächlichen Feststellungen. Die Rechtserheblichkeit dieses Zusammenhangs für das Verhältnis zwischen den Parteien kann nicht bezweifelt werden. Denn das Bestehen dieses Zusammenhangs ergibt sich aus den zwischen den deutschen Schuldnerbanken und den ausländischen Gläubigerbanken seit 1931 jährlich unter Mitwirkung der Reichsbank abgeschlossenen „Deutschen Kreditabkommen". Zu deren Durchführung ist die Verordnung vom 27. Mai 1932 (RGBl. I S. 86) ergangen, aus deren §§ 3 und 26 sich die gesetzliche Rückwirkung dieser Kreditabkommen auf das Rechtsverhältnis zwischen der deutschen Schuldnerbank und ihren deutschen Kunden ohne weiteres ergibt; im vorletzten Satz des letztgenannten § 26 ist außerdem die gesetzliche Vermutung aufgestellt, daß ein Barkredit, den die deutsche Schuldnerbank ihren deutschen Kunden in fremder Währung gewährt hat, auf einem Auslandskredit der deutschen Schuldnerbank beruht. Nach den deutschen Kreditabkommen sind die Devisenschulden der deutschen Schuldnerbanken jeweils ein Jahr lang gestundet, falls nicht inzwischen eine Devisenanschaffung möglich ist; den ausländischen Gläubigerbanken ist lediglich das Recht eingeräumt worden, statt Devisen Registermarkzahlungen zu verlangen,

vgl. Ziff. 10, insbesondere unter (1 a), (2 a und i), (4 a und b) der Kreditabkommen von 1933 und 1934;

eine Verpflichtung, Registermarkzahlungen entgegenzunehmen, besteht für die ausländische Gläubigerbank nicht.

Es erhellt daraus, daß es der deutschen Schuldnerbank nach Treu und Glauben nicht zugemutet werden kann, Markzahlungen zum Tageskurs von ihren deutschen Kunden entgegenzunehmen. Denn sie selbst kann sich von ihrer Devisenschuld dem Ausland gegenüber ohne ein freiwilliges Entgegenkommen der ausländischen Gläubigerbank nach der deutschen Devisengesetzgebung und nach den bestehenden Kreditabkommen ebenfalls nicht befreien. Eine Abkürzung und Beseitigung des hierdurch herbeigeführten unerwünschten Schwebezustandes ist,

worauf Simon, BA. 34/430 und 520 in ähnlichem Zusammenhang hingewiesen hat,

auch im Verhältnis zwischen der deutschen Schuldnerbank und ihren deutschen Kunden nur möglich im Wege freiwilligen Entgegenkommens und vertraglicher Verständigung.

Zu einer solchen Verständigung war, wie die von der Klägerin übergebene, der Klageerhebung vorausgehende Korrespondenz der Parteien ergibt, die Beklagte ihrerseits bereit; in ihrem Brief vom 27. Juni 1934 hat sie der Klägerin die Umlegung der Pfundschuld in Reichsmark angeboten, wenn die Klägerin einen Teil des Risikos, das für die Beklagte mit dieser Umlegung „in Anbetracht der Unsicherheit der weiteren Entwicklung der Devisenkurse sowie der Frage, zu welchem Zeitpunkt der Beklagten selbst eine Kurssicherung möglich sein werde", verbunden sei, durch Vergütung eines Teils der Kursdifferenz zwischen dem Tageskurs und der Goldparität übernehmen würde; dem Antrag auf Genehmigung einer solchen Umstellung,

vgl. Richtlinien für die Devisenbewirtschaftung vom 23. Juni 1932, II. Abschn. Ziff. 9 Abs. 3; entsprechend: Richtlinien für die Devisenbewirtschaftung vom 4. Februar 1935, II. Abschn. Ziff. 5,

werde, so schließt der Brief der Beklagten, „nach ihren Erfahrungen" stattgegeben werden. Die Klägerin hätte nach Auffassung des erkennenden Senats Veranlassung gehabt, auf diesem von der Beklagten ihr gezeigten Wege entgegenzukommen, wenn für sie das von ihr dargelegte und vom Berufungsgericht als berechtigt anerkannte erhebliche Interesse an einer baldigen Beendigung der Liquidation bestand. Ein anderer Weg zur Schuldbefreiung als der der freundschaftlichen Verständigung mit dem Gläubiger ist dem deutschen Schuldner einer effektiven Valutaverbindlichkeit durch die auf der gegenwärtigen deutschen Devisennotlage beruhenden Gesetzgebung versperrt.

Der Standpunkt der Klägerin, daß sie der Beklagten Zahlung in Reichsmark zum Pfundkurs des Zahlungstags gegen deren Willen als Erfüllung aufnötigen könne, ist ebenso unberechtigt wie es der Standpunkt der Beklagten sein würde, wenn sie zur Zeit effektive Pfundzahlung von der Klägerin verlangen würde.

5. Abschnitt.

Verwirkung von Ansprüchen.

Nr. 15. §§ 775, 242 BGB.

Unter besonderen Umständen kann eine Bank als Gläubigerin nach Treu und Glauben verpflichtet sein, die Erben eines Bürgen auf das Fortbestehen der Bürgschaft hinzuweisen. Anderenfalls verwirkt sie ihren Bürgschaftsanspruch.

RG. VIII. 18. Januar 1932. BA. 31/373.

Vorbemerkung.

Das Bürgerliche Recht kennt neben „Ausschlußfristen", bei denen Rechte nach dem Ablauf einer bestimmten Zeit erlöschen (so z. B. die Anfechtungsfristen der §§ 121, 124 BGB.), den Begriff der Verjährung (§§ 194ff. BGB. sowie zahlreiche Einzelbestimmungen). Durch den Eintritt der Verjährung erlischt ein Anspruch (§ 194 BGB.) nicht, sondern es erwächst dem Schuldner eine rechtshemmende Einrede. Der Schuldner kann also mit dem Hinweis auf die Verjährung die Leistung verweigern, er kann aber die trotz der Verjährung bewirkte Leistung nicht wieder zurückverlangen (§ 222 BGB.).

Neben der Verjährung hat sich in der Rechtsprechung noch der Begriff der Verwirkung entwickelt. Es wurde aus § 242 BGB. der Grundsatz hergeleitet, daß unter besonderen Umständen die verspätete Geltendmachung von Ansprüchen — auch ohne daß Verjährung vorliegt — ein Verhalten des Gläubigers darstellen kann, welches gegen Treu und Glauben verstößt, und daß dann der Geltendmachung solcher Ansprüche die Wirkung versagt werden muß. Dieser Grundsatz bildete sich zunächst bei der Aufwertungsrechtsprechung heraus. Er wurde dann auch auf einige andere Sonderrechtsgebiete ausgedehnt, namentlich den gewerblichen Rechtsschutz und das Arbeitsrecht. Aber noch das Urteil des VII. Zivilsenats vom 17. April 1934 — RG. 144/22 = JW. 34/1849 Nr. 1 — betonte, daß einer Verallgemeinerung des Verwirkungsgedankens über jene Sondergebiete hinaus, also für das gesamte bürgerliche

Recht, im Interesse der Rechtssicherheit und Vertragstreue „scharf entgegenzutreten“ sei.

Der II. Zivilsenat ging in seiner Entscheidung vom 1. Februar 1935 — JW. 35/1841 Nr. 1 —, wenn auch sehr vorsichtig, noch einen Schritt weiter. Er pflichtete dem VII. Senat darin bei, daß, soweit besondere Voraussetzungen für die Annahme einer Verwirkung in jenen Sonderrechtsgebieten erfordert würden, diese Grundsätze „keine allgemeine Übernahme“ für das sonstige Recht zuließen. Es sei auch richtig, daß die Frage, wie lange ein Rechtsanspruch geltend gemacht werden dürfe, sich hauptsächlich nach den gesetzlichen Bestimmungen über die Verjährung beantworte, daß also Zeitablauf allein die Annahme einer Verwirkung nicht zu begründen vermöge. Die Klägerin habe aber nach den gesamten Umständen, unter denen die verspätete Geltendmachung ihrer Ansprüche erfolgt sei — es handelte sich um Ansprüche aus einem gegenseitigen Vertrag —, gegen Treu und Glauben verstoßen, so daß der Geltendmachung die Wirkung zu versagen sei. Die „lange gefestigte Rechtsprechung“ über diese Frage und deren Billigung im Schrifttum wird in den Entscheidungsgründen ausführlich zitiert (vgl. auch die Anmerkung von Klausing zu dieser Entscheidung, JW. a. a. O.). Die Frage, ob die Verwirkung neben der Verjährung als ein besonderes Rechtsgebilde anzuerkennen ist, hat das Reichsgericht bisher allerdings noch offen gelassen.

Die im folgenden wiedergegebene Entscheidung des VIII. Zivilsenats ist zwar älteren Datums, deckt sich aber in ihren Grundgedanken mit dem soeben erwähnten Urteil vom 1. Februar 1935, indem sie die Verwirkung ebenfalls für einen Fall des allgemeinen bürgerlichen Rechts, nämlich für einen Anspruch des Gläubigers gegenüber dem Erben des Bürgen, allerdings nur unter besonderen Umständen, gelten läßt.

RG. VIII. 18. Januar 1932. BA. 31/373.

Die Beklagten zu 1 und 2 werden aus einer Schuld des am 11. März 1920 verstorbenen Kaufmanns J. B. D. in Anspruch genommen, dessen am 20. März 1920 verstorbene Ehefrau und Alleinerbin wiederum die Beklagten zu 1 und 2 beerbt haben. J. B. D. betrieb in B. ein Geschäft unter der Firma J. D. als Alleininhaber bis zum 31. Januar 1920, danach bis zu seinem Tode in offener Handelsgesellschaft mit dem Kaufmann H. D.

Dieses Geschäft hatte eine Zweigniederlassung in H., die im Jahre 1912 als eine GmbH. rechtlich selbständig gemacht wurde. Diese GmbH. nahm von der klagenden Bank Kredit. Hierfür stellte am 20. Dezember 1912 der Kaufmann J. B. D. neben einem Kaufmann R. eine Bürgschaftserklärung aus, in der die Bürgen für sich und ihre Erben solidarisch der Klägerin gegenüber selbstschuldnerische Bürgschaft für alle Ansprüche übernahmen, die der Klägerin aus dem Geschäftsverkehr mit der GmbH. in H., insbesondere aus der Gewährung von Krediten in irgendwelcher Form „erwachsen sind oder werden“. Aus der fortdauernden Geschäftsverbindung mit der jetzt zahlungsschwachen GmbH. hat die Klägerin auf Grund eines Kontoauszuges, der zum 4. Mai 1931 eine Schuld von 15 495,07 RM. aufweist, die Beklagten in Anspruch genommen und Zahlung eines Teilbetrages von 1000 RM. nebst Zinsen von den Beklagten zu 1 und 2, Duldung der Zwangsvollstreckung von dem zu 3 beklagten Ehemann der Beklagten zu 2 verlangt.

Die Beklagten haben für den Fall der Verurteilung Beschränkung ihrer Haftung auf den Nachlaß des J. B. D. geltend gemacht, im übrigen aber Abweisung der Klage und, widerklagend, Feststellung verlangt, daß der Klägerin Ansprüche aus der Bürgschaftsurkunde vom 20. Dezember 1912 nicht zustehen.

Das Landgericht hat nach den Anträgen der Beklagten erkannt. Die Klägerin hat Sprungrevision eingelegt, um Urteil nach der Klage und Abweisung der Widerklage zu erreichen, während die Beklagten auf Zurückweisung des Rechtsmittels angetragen haben.

Der Entscheidungsgrund des Landgerichts, die Klägerin habe ihren Anspruch „verwirkt“, hält der Sache nach den Angriffen der Revision stand.

Daß Verpflichtungen aus einer Kreditbürgschaft, auch soweit sie erst in Anspruch genommen werden soll, auf die Erben übergehen, hat das Landgericht in Übereinstimmung mit der Rechtsprechung des Reichsgerichts angenommen.

RG. JW. 1911/447 Nr. 12; RGRK. § 1967 Anm. 2.

Die Revision meint hiervon ausgehend, das Landgericht verlange rechtsirrtümlich, die Klägerin hätte den Beklagten nach der Stabilisierung der Mark Nachricht davon geben müssen, daß sie auch für das künftige Kreditverhältnis Rechte aus der Bürgschaft herleite. Sie meint, ein Anlaß zum Geltendmachen der Bürgschaft habe erst vorgelegen, als die Hauptschuldnerin nicht mehr zahlte. Es sei Sache der Erben gewesen, die Behelfe der §§ 1970, 2061 BGB. zu ergreifen, zumal der Beklagte zu 1 Rechtsanwalt sei. Eine allgemeine Verpflichtung der Klägerin, ihre Bürgschaftsrechte nach der Inflation noch besonders aufrechtzuerhalten, bestehe nicht.

Der Revision ist zuzugeben, daß bei einer schlechthin unbeschränkten Bürgschaft für künftig aufzunehmenden Kredit nicht (wie in der Sache RG. VIII 334/29, Urteil vom 18. November 1929, wo ein bestimmter Papiermarkbetrag als verbürgt in der Bürgschaftserklärung genannt war) gesagt werden kann, die Haftung diene einer Papiermarkschuld, aber keiner Hauptschuld der neuen Währung. Es ist auch ferner anzuerkennen, daß der Gläubiger grundsätzlich nicht die Pflicht hat, den Bürgen auf das Fortbestehen seiner Verbindlichkeit aufmerksam zu machen.

RG. 2. Februar 1931 VIII 423/30.

Aber die von dem Landgericht festgestellten Umstände rechtfertigen dennoch die Anwendung des § 242 BGB. im Sinne seiner Entscheidung.

Die Klägerin hat nach Feststellung des Landgerichts auf Grund ihrer geschäftlichen Beziehungen gewußt, daß J. B. D. im Jahre 1920 gestorben war, sie hat damit rechnen müssen, daß seine Erben, die weder zu dem Geschäft in B. noch zu der Zweigniederlassung in H. in Beziehung standen, von der Bürgschaft nichts wüßten, Die Klägerin selbst hat im Rechtsstreit zutreffend darauf hingewiesen, daß bei zeitlich unbeschränkten Bürgschaften dem Bürgen ein Kündigungsrecht nach angemessener Frist nicht zu versagen sei.

RG. Warn. Rspr. 1913 Nr. 289, 1914 Nr. 158.

Ganz besonders wird das nach so grundlegenden Änderungen der Umstände gelten müssen, wie sie im allgemeinen die Inflation gebracht hat und im besonderen der Tod des ersten Bürgen und der Nichteintritt der Erben in den geschäftlichen Zusammenhang, der die wirtschaftliche Grundlage der Bürgschaftseingehung war. Gerade wenn die Klägerin, wie sie geltend macht, eben mit Rücksicht auf diese Bürgschaft weiter Kredit an die Zweigniederlassung in H. gegeben hat, verlangte es Treu und Glauben im kaufmännischen Verkehr, daß die Klägerin die Erben des Bürgen in die Lage setzte, gegenüber einer so alten und ihren Belangen so fremden Verpflichtung ihre Rechte durch Kündigung, durch Erhebung von Ansprüchen aus § 775 BGB. oder auf andere geeignete Weise zu wahren.

Das Landgericht meint deshalb mit Recht, daß die Klägerin nach Lage dieses Falles nicht in der nach Treu und Glauben allgemein gebotenen, auch dem Bürgen zukommenden billigen Rechtswahrnehmung,

RG. VIII 523/29; 69/30; 97/30,

handelte, wenn sie auf Grund der Bürgschaft von 1912 trotz der grundlegenden, ihr bekannt gewordenen Änderung der Lage nach der Inflation weiter Kredit gab, ohne die Erben auch nur in Kenntnis zu setzen.

Da, wie der Vorderrichter unangegriffen unterstellt, nur solche Kredite als streitige in Frage kommen, ist der Revision der Erfolg zu versagen, ohne daß es der Erörterung bedarf, ob die Beklagten der Klage auch die Einrede der Verjährung mit Erfolg hätten entgegensetzen können.

III. Teil.

Zum Begriff des Verstoßes gegen die guten Sitten.

Verstöße gegen die guten Sitten behandelt das Bürgerliche Gesetzbuch an zwei Stellen: Einmal im § 138, der Rechtsgeschäfte für nichtig erklärt, die gegen die guten Sitten verstoßen, zum anderen im § 826, der eine Schadensersatzpflicht desjenigen feststellt, welcher in einer gegen die guten Sitten verstoßenden Weise einem anderen vorsätzlich Schaden zugefügt hat. Wann im einzelnen ein solcher Sittenverstoß vorliegt, sagt das Gesetz nicht; das festzustellen wird vielmehr der richterlichen Entscheidung im besonderen Fall überlassen.

1. Abschnitt.

Zur Auslegung des § 138 BGB.

Nr. 16. § 138 BGB.

Ein Rechtsgeschäft, bei dem Leistung und Gegenleistung in einem auffälligen Mißverhältnis stehen, die übrigen Merkmale des Wuchers (§ 138 Abs. 2) aber nicht vorliegen, ist nach § 138 Abs. 1 nichtig, wenn außer dem Mißverhältnis eine solche Gesinnung des die übermäßigen Vorteile beanspruchenden Teils festzustellen ist, daß das Rechtsgeschäft nach Inhalt, Beweggrund und Zweck gegen das gesunde Volksempfinden verstößt.

RG. Beschluß des Großen Zivilsenats, 13. März 1936, JW. 36/1281 Nr. 1 = HRR. 1936 Nr. 659 = RG. 150/1.

Vorbemerkung.

Der nachstehende Beschluß des Großen Zivilsenats gibt die Grundsätze des Reichsgerichts wieder, nach denen der § 138 BGB. auf solche Rechtsgeschäfte anzuwenden ist, wo Leistung und Gegenleistung in einem auffälligen Mißverhältnis zueinander stehen. Das bedeutsame Ergebnis dieser Entscheidung ist, daß der objektive Tatbestand eines Mißverhältnisses für sich allein noch nicht ausreicht, um die Nichtigkeit des Rechtsgeschäfts nach § 138 Abs. 1 BGB. zu begründen. Es muß vielmehr noch — subjektiv — eine verwerfliche Gesinnung des einen oder anderen Vertragsteils hinzukommen, um das Geschäft zu einem sittenwidrigen und damit nichtigen zu machen.

Das Erfordernis beider Merkmale, des objektiven und des subjektiven, entspricht der bisherigen Rechtsprechung des Reichsgerichts. Hieran hat auch der Große Senat festgehalten. Der V. Zivilsenat wollte nämlich in Abweichung von dieser Rechtsprechung lediglich die Erfüllung der objektiven Voraussetzung, des auffälligen Mißverhältnisses zwischen Leistung und Gegenleistung, für ausreichend erachten, um ein Rechtsgeschäft nach § 138 Abs. 1 BGB. für sittenwidrig und daher nichtig zu erklären. Dem ist der Große Senat in eingehender Begründung entgegengetreten.

Besonders bemerkenswert ist, wie hier das Reichsgericht bei der Beurteilung der subjektiven Seite einer tiefgreifenden Wandlung der Begriffe Rechnung trägt. Die modernen Rechtsgedanken des nationalsozialistischen Staates haben gerade in dieser Entscheidung einen augenfälligen Niederschlag gefunden. „Gemeinnutz geht vor Eigennutz", das wird vom Großen Senat als oberster Grundsatz klar herausgestellt. Ebenso klar und volkstümlich spricht das Reichsgericht nicht mehr von dem „Anstandsgefühl aller billig und gerecht Denkenden", sondern von dem gesunden Volksempfinden. Hiergegen und damit gegen die guten Sitten verstößt, wer in seinem Verhalten eine dem Volksganzen nachträgliche, eigennützige Gesinnung zeigt.

Diese Gesinnung ist also neben dem objektiven Geschäftsvorgang das entscheidende Merkmal für den Sittenverstoß im Sinne des § 138 Abs. 1 BGB. Allerdings kann auch schon das objektive Maß des Mißverhältnisses zwischen Leistung und Gegenleistung allein auf eine solche Gesinnung des einen Vertragsteils schließen lassen. Aber auch dann ist neben dem Mißverhältnis jedenfalls noch die — eben gerade aus dem Mißverhältnis ersichtliche — Gesinnung für die Charakterisierung des Geschäfts als eines sittenwidrigen entscheidend.

Bei der Beurteilung von Verträgen in dieser Richtung ist jedoch das Reichsgericht sehr zurückhaltend. So weist der Große Senat in der vorliegenden Entscheidung auf die Gesichtspunkte der Rechtssicherheit und der Vertragstreue hin und betont, daß einmal geschlossene Verträge nur nach sorgfältiger Prüfung aller Umstände, der sachlichen wie der persönlichen, für nichtig erklärt werden können.

Dem folgt auch der VI. Zivilsenat in seinem Urteil vom 30. März 1936 — JW. 36/2129 Nr. 1 —, wo eine Verzinsung von 36% bei einem im Sommer 1924 gegebenen Darlehn nicht für ausreichend erachtet wurde, um die Anwendung des § 138 Abs. 1 BGB. zu rechtfertigen. Aus diesem objektiv zweifellos bestehenden Mißver-

hältnis zwischen Leistung und Gegenleistung allein war nach Ansicht des erkennenden Senats bei Würdigung der gesamten Lage des Falles noch nicht auf eine gegen das gesunde Volksempfinden, also gegen die guten Sitten verstoßende Gesinnung des Darlehnsgebers zu schließen. Entscheidend für dieses Ergebnis war die Tatsache, daß im Sommer 1924 auf dem deutschen Kapitalmarkt eine außerordentlich große Geldknappheit geherrscht hatte. Im Hinblick auf die damaligen Verhältnisse, die auch bei der Beurteilung des subjektiven Tatbestandes zugrunde gelegt wurden, hielt das Reichsgericht die Feststellung des Berufungsrichters, der vereinbarte Zinssatz von 36% sei übermäßig hoch, nicht für hinreichend begründet. Es fand also in der Höhe dieses Zinssatzes noch nicht den Ausdruck einer verwerflichen Gesinnung auf seiten des einen Vertragsteils. Damit entfiel die Anwendbarkeit des § 138 Abs. 1 BGB.

RG. Großer Senat für Zivilsachen, 13. März 1936, JW. 1936/1281 Nr. 1 = HRR. 1936 Nr. 659 = RG. 150/1.

Der V. Zivilsenat des Reichsgerichts hat auf Grund das § 137 GVG. in der Fassung des Gesetzes vom 28. Juni 1935 (RGBl. I S. 844) dem Großen Senat für Zivilsachen beim Reichsgericht folgende Frage vorgelegt:

Ist festzuhalten an der Rechtsprechung zu § 138 BGB. (vgl. RG. 83/112 = JW. 1913/1144; RG. 90/400 = JW. 1918/32; RG. 93/29; JW. 1935/279): „Nichtigkeit eines Geschäfts, bei dem Leistung und Gegenleistung in auffälligem Mißverhältnis stehen, ist anzunehmen, wenn entweder sämtliche Voraussetzungen des Wuchers (§ 138 Abs. 2) vorliegen, oder wenn zu dem Mißverhältnis noch ein weiterer Umstand hinzukommt, der in Verbindung hiermit den Vertrag nach seiner sich aus der Zusammenfassung von Inhalt, Beweggrund und Zweck ergebenden Gesamtgestaltung — also aus der Zusammenfassung von objektiven und subjektiven Merkmalen — als sittenwidrig erscheinen läßt (§ 138 Abs. 1)", oder kann das Vorhandensein eines auffälligen Mißverhältnisses für sich allein ohne Hinzukommen eines weiteren Umstandes und ohne Ansehung der Sinnesart der am Geschäft Beteiligten — rein objektiv betrachtet — die Nichtigkeit auf Grund von § 138 Abs. 1 BGB. ergeben (vgl. Urteil des OLG. Hamburg vom 5. September 1934 in Hanseat. RZtg. 1934/631)?

Der Große Senat hat die eingangs wiedergegebene Entscheidung gefällt und, wie folgt, begründet:

Die dem Großen Senat vorgelegte Frage setzt einen Fall voraus, wo bei einem durch Rechtsgeschäft begründeten Schuldverhältnis, also einem Vertrage, sich der eine Teil als Entgelt für seine Leistungen Vermögensvorteile hat versprechen oder gewähren lassen, deren Wert den Umständen nach in auffälligem Mißverhältnis zum Werte seiner Leistung steht; aus diesem Grunde macht der andere Teil die Nichtigkeit des Geschäfts geltend. Zur Beantwortung der Frage, ob ein auffälliges Mißverhältnis zwischen Leistung und Gegenleistung vorliegt, sind die gesamten Umstände des einzelnen Falles zu würdigen. Dabei kommt es auf die zur Zeit der Eingehung des Geschäfts gegebene Sachlage an. Denn für die Beurteilung, ob ein Vertrag von vornherein rechtsgültig oder nichtig war, können nur die Verhältnisse maßgebend sein, die bei seinem Abschluß bestanden.

Liegt ein solches Mißverhältnis vor, so ist das Geschäft nach § 138 Abs. 2 BGB. als wucherisch nichtig, wenn der eine Teil die Notlage, den Leichtsinn oder die Unerfahrenheit des anderen ausgebeutet hat. Das Wuchergeschäft bildet einen Unterfall der in Abs. 1 des § 138 allgemein für nichtig erklärten sittenwidrigen Geschäfte. Ein wucherischer Vertrag ist jedenfalls nichtig. Aber auch ein Vertrag, bei dem zwar das Mißverhältnis vorhanden ist, aber einer der sonst in Abs. 2 erforderten Tatumstände fehlt, kann trotzdem gegen die guten Sitten verstoßen und deshalb nach Abs. 1 des § 138 nichtig sein.

Zur Frage, wann dies letztere der Fall ist, geht die Rechtsprechung des Reichsgerichts dahin:

Falls nicht sämtliche Voraussetzungen des Wuchers vorliegen, ist Nichtigkeit dann anzunehmen, wenn zu der Höhe des Versprochenen noch ein weiterer Umstand hinzukommt, der in Verbindung hiermit das Rechtsgeschäft nach seiner aus der Zusammenfassung von Inhalt, Beweggrund und Zweck erhellenden Gesamtgestaltung als sittenwidrig erscheinen läßt. Dabei muß sich derjenige, zu dessen Ungunsten das Geschäft für nichtig erklärt werden soll, zwar nicht notwendig der Sittenwidrigkeit seines Tuns, aber doch regelmäßig der Tatumstände bewußt gewesen sein, die sein Handeln als sittenwidrig erscheinen lassen.

> RG. 83/112 = JW. 1913/1144 Nr. 2; RG. 90/402 = JW. 1918/32; RG. 93/29; 97/255; 120/148 = JW. 1928/2461; RG. 136/240 = JW. 1932/2399 Nr. 6; JW. 1935/278 Nr. 9.

Eine engere Auffassung, welche solche Geschäfte, bei denen ein Mißverhältnis zwischen Leistung und Gegenleistung vorliegt, nur nach den im Abs. 2 des § 138 enthaltenen Wucherbestimmungen beurteilen wollte — wie sie der in RG. 64/181 abgedruckten Entscheidung zugrunde lag —, hat das Reichsgericht aufgegeben.

Gegenüber dieser Rechtsprechung wird neuerdings die Auffassung vertreten, schon das Vorhandensein eines nach den Umständen beim Geschäftsabschluß auffälligen Mißverhältnisses zwischen Leistung und Gegenleistung für sich allein könne ohne Hinzukommen irgendeines weiteren Umstandes, insbesondere ohne Rücksicht auf die Sinnesart der am Geschäft Beteiligten, also bei rein objektiver Betrachtung die Nichtigkeit des Geschäfts auf Grund des § 138 Abs. 1 ergeben.

Vgl. Deutsches Recht 1935/261 und DJ. 1935/843.

Diese Meinung geht zurück auf das vom V. Zivilsenat bei seiner Fragestellung berücksichtigte Urteil des Oberlandesgerichts Hamburg vom 5. September 1934. Dort wird ausgeführt:

Von der Ansicht des Reichsgerichts, daß ein Geschäft, bei dem keine Ausbeutung der Notlage, des Leichtsinns oder der Unerfahrenheit vorliege, nur dann nach § 138 Abs. 1 BGB. nichtig sei, wenn zu dem Mißverhältnis der beiderseitigen Leistungen noch ein neues Moment hinzukomme, werde abgewichen. Ein Geschäft sei schon dann sittenwidrig und nichtig, wenn lediglich die versprochenen Vermögensvorteile den Wert der Leistung derartig überstiegen, daß sich dieses Mißverhältnis als übermäßiger, durch nichts gerechtfertigter und dem Volksempfinden zuwiderlaufender Eigennutz darstelle. Entscheidend für die Nichtigkeit sei das überaus große Mißverhältnis zwischen Leistung und Gegenleistung.

Der Große Senat für Zivilsachen, dessen Zuständigkeit nach § 137 GVG. begründet ist, erachtet ein Rechtsgeschäft, bei dem Leistung und Gegenleistung in auffälligem Mißverhältnis zueinander stehen, die übrigen Merkmale des Wuchers aber nicht vorliegen, dann nach § 138 Abs. 1 BGB. für nichtig, wenn außer dem Mißverhältnis eine solche Gesinnung des die übermäßigen Vorteile beanspruchenden Teils festzustellen ist, daß das Rechtsgeschäft nach Inhalt, Beweggrund und Zweck gegen das gesunde Volksempfinden verstößt.

Ihn leiten dabei folgende Erwägungen:

Der Begriff eines „Verstoßes gegen die guten Sitten", wie er in § 138 und in § 826 BGB. enthalten ist, erhält seinem Wesen nach den Inhalt durch das seit dem Umbruch herrschende Volksempfinden, die nationalsozialistische Weltanschauung. Mit diesem Inhalt erfüllt, ist § 138 auch auf noch nicht abgewickelte Rechtsgeschäfte aus der früheren Zeit anzuwenden. Wenn ein Vertrag nach der nunmehr maßgebenden Anschauung gegen die guten Sitten verstößt, so kann ihm kein Rechtsschutz durch ein deutsches Gericht gewährt werden.

Der Gesamtinhalt des § 138 BGB. ergibt, daß das Mißverhältnis allein nicht zur Vernichtung des Rechtsgeschäfts führen soll. Denn wenn das Vorhandensein dieses einen Tatumstandes für sich dazu genügen sollte, so wäre es widersinnig gewesen, ihm noch in Abs. 2

besondere, auf den äußeren und inneren Tatbestand hinweisende Erfordernisse der Nichtigkeit hinzuzufügen. Die Aufstellung der weiteren Voraussetzungen für die Vernichtung läßt erkennen, daß der eine Tatbestand des Mißverhältnisses, für sich allein genommen, noch nicht die Nichtigkeit herbeiführen soll. Wenn die Bestimmung des Abs. 1 eingreifen soll, so darf vom Wuchertatbestande des Abs. 2 nicht nur das bloße Mißverhältnis übrig bleiben. Zu diesem muß vielmehr, wenn Abs. 1 anwendbar sein soll, an Stelle des nicht vorliegenden Ausbeutungstatbestandes noch irgendein anderer Umstand hinzutreten, der dem Geschäft zusammen mit dem Mißverhältnis den Stempel der Sittenwidrigkeit aufdrückt.

Eine solche Auslegung des Gesetzes ist deshalb innerlich gerechtfertigt, weil sie dem allgemeinen Begriff der „Sittenwidrigkeit" entspricht. Eine gerechte Auffassung über die Sittlichkeit eines Tuns gebietet, dieses in seiner Gesamtgestaltung anzusehen und nicht einzelne Tatumstände abzusondern und getrennt zu behandeln. Steht in Frage, ob ein Geschäft zu billigen ist oder nicht, so müssen alle Umstände, aus denen es sich zusammensetzt und die ihm seine Färbung geben, in Betracht gezogen werden Andernfalls würde ein unvollständiges Bild entstehen. Nun tragen aber gerade die Sinnesart der Beteiligten, ihre Beweggründe und Ziele dazu bei, dem Einzelgeschäft seine Eigenart zu geben. Die Beteiligung an einem Rechtsgeschäft, das gegen die guten Sitten verstößt, behaftet nach gesundem Volksempfinden den Teil, der den Gewinn daraus ziehen will, mit einem Makel und setzt ihn der Mißachtung der redlichen Volksgenossen aus. Mit diesem berechtigten Empfinden muß der Richter rechnen. Er kann es nur dann verantworten, durch seinen Spruch jemanden der Mißachtung auszusetzen, wenn dieser es wirklich verdient, wenn er sich schuldig gemacht hat. Das ist aber nur dann der Fall, wenn die Sinnesart, die er gezeigt hat, verwerflich ist und Tadel verdient. Auch aus diesen Erwägungen allgemeiner Natur heraus muß bei der Beurteilung des Vertrags, außer auf seinen das Mißverhältnis aufweisenden Inhalt, auf die Beweggründe der Beteiligten und die von ihnen verfolgten Zwecke gesehen und muß die Frage dahin gestellt werden, ob das Rechtsgeschäft nach seiner so ersichtlichen Gesamtgestaltung gegen das gesunde Volksempfinden oder — nach dem Ausdruck der Motive zum BGB. (II, 727) — gegen das Anstandsgefühl aller billig und gerecht Denkenden verstößt.

Ein Geschäft, das die Bahnen des regelmäßigen, den Belangen beider Teile gerecht werdenden Güteraustausches verläßt, wird nur aus ganz besonderen regelwidrigen Anlässen zustandekommen, die den schwächeren Teil verleiten, einen so ungünstigen Vertrag einzugehen. Wer im Wirtschaftsleben die schwächere Lage eines anderen bewußt ausnutzt, um übermäßigen Gewinn zu erzielen, zeigt unstatthaften Eigennutz und handelt somit verwerflich. Aber auch der verstößt gegen das gesunde Volksempfinden, der sich böswillig oder in grobfahrlässiger Leichtfertigkeit der Erkenntnis verschließt, daß sich der andere nur aus den Nachteilen seiner Lage heraus auf ihn beschwerende Bedingungen einläßt. Wer nicht sehen will und sich auf diese Weise Vorteile verschafft, die durch die Sachlage nicht gerechtfertigt sind, muß sich gefallen lassen, ebenso behandelt zu werden wie ein wissentlich Handelnder.

Der Richter hat bei der Beurteilung eines solchen Streitfalles zunächst festzustellen, ob ein auffälliges Mißverhältnis zwischen Leistung und Gegenleistung vorliegt, und in welchem Umfang das der Fall ist. Das Maß dieses Mißverhältnisses ist eine wichtige Erkenntnisquelle für die Sinnesart des die Vorteile hinnehmenden Teils. Es kann so groß sein, daß es den Schluß auf bewußte oder doch grob fahrlässige Ausnutzung irgendeines den Vertragsgegner hemmenden Tatumstandes zwingend nahelegt.

Die heutige Auffassung des Staats- und Wirtschaftslebens wendet sich besonders scharf gegen einen dem Ganzen nachteiligen Eigennutz des einzelnen Volksgenossen; sie fordert die Bekämpfung einer derartigen Gesinnung mit allen zu Gebote stehenden Mitteln, und zwar sowohl auf dem Gebiete des Strafrechts wie auch auf dem des bürgerlichen Rechts. Dieser Auffassung werden Auslegung und Anwendung des Gesetzes, wie sie eben dargelegt sind, gerecht. Denn damit sind alle Fälle dieser Art zu erfassen, die in ihrer Gesamtgestaltung dem gesunden Volksempfinden und den Belangen der Volksgemeinschaft widerstreiten. Andererseits würde eine Prüfung, die sich auf den objektiven Inhalt des Vertrages beschränken, die Sinnesart der Beteiligten, insbesondere des die Vorteile erstrebenden Teils, aber nicht berücksichtigen wollte, nicht nur dem geltenden Recht des § 138 BGB. widersprechen, sondern auch wegen ihrer Unvollständigkeit ungerecht sein und den allgemeinen Begriff des Sittenwidrigen falsch anwenden.

Für das Wirtschaftsleben, dessen pflegliche und vorsichtige Behandlung eine wesentliche Vorbedingung für das Gedeihen des Volksganzen bildet, ist die Sicherheit des rechtsgeschäftlichen Verkehrs dringend notwendig. Dazu gehört in erster Reihe Vertragstreue. Deswegen darf an die Vernichtung geschlossener Verträge nur mit Vorsicht und Zurückhaltung herangegangen werden. So hat sich die Rechtsprechung bei Anwendung des § 138 BGB. mit gutem Grunde solchem Begehren nur nach sorgfältiger Prüfung der Gesamtumstände des einzelnen Geschäfts, der sachlichen und der persönlichen, geneigt gezeigt. Sie hat sich gehütet, den Weg der römisch-gemeinrechtlichen „laesio enormis" (Rücktritt vom Kaufvertrag bei Verletzung über die Hälfte) zu betreten, den auch der Gesetzgeber des BGB. ausdrücklich abgelehnt hat.

Motive Bd. II S. 321; vgl. auch RG. 64/182.

Andererseits bietet die Berücksichtigung dessen, daß nicht nur bewußte Ausbeutung des Vertragsgegners, sondern auch schon ein böswilliges oder grobfahrlässiges Sichverschließen des die Vorteile genießenden Vertragsteils vor der Erkenntnis einer mißlichen Lage des anderen Teils in Verbindung mit dem Mißverhältnis zur Vernichtung des Rechtsgeschäfts führen kann, eine wirksame Handhabe zur Bekämpfung verwerflichen Eigennutzes.

2. Abschnitt.

Fälle zu den allgemeinen Geschäftsbedingungen (AGB.).

Der früher häufig erhobene Vorwurf, die Allgemeinen Geschäftsbedingungen beruhten auf der sittenwidrigen Ausnutzung einer Monopolstellung der Banken, und die auf Grund der Bedingungen zwischen Bank und Kunden geschlossenen Verträge seien deshalb nach § 138 Abs. 1 BGB. nichtig, kann jedenfalls heute keine Berechtigung mehr haben. Ist einmal die behauptete Monopolstellung der Banken im Hinblick auf andere Geldinstitute, die ebenfalls Bankgeschäfte betreiben, ohne ihre Kunden auf die banküblichen Geschäftsbedingungen zu verpflichten, von jeher zweifelhaft gewesen, so fehlt es vor allem an dem Merkmal der Sittenwidrigkeit; dies um so mehr, als der Abschluß typenmäßiger Verträge auf Grund von Geschäftsbedingungen des einen Vertragsteils heute auch in zahlreichen anderen Gewerbezweigen als im Bankgeschäft durchaus üblich geworden ist.

Richtig ist allerdings, daß gerade die Geschäftsbedingungen von Banken nicht immer glücklich gefaßt waren, und daß dadurch vielfach der Eindruck erweckt wurde, als würden der Bank ausschließlich Rechte eingeräumt, dem Kunden dagegen in der Hauptsache nur Pflichten auferlegt. In ihren Grundzügen aber entsprachen und entsprechen auch heute die AGB. dem Gesetzesrecht. Abweichungen hiervon sind in der Regel nichts anderes als der Niederschlag langjähriger Handelsbräuche (§ 346 HGB.). Das gilt namentlich auch von den Haftungsbeschränkungen der AGB., die in besonderem Maße der Gegenstand von Angriffen waren. Sie sind aber, wie schon oben (S. 1) hervorgehoben, durch die öffentliche Stellung der Banken als Treuhänder des von ihnen verwalteten Gesamtvermögens begründet.

Hinzu kommt, daß die Banken in ihrer gesamten Geschäftsführung seit dem 1. Januar 1935 dem bei der Reichsbank errichteten Aufsichtsamt für das Kreditwesen unterstehen (Reichsgesetz über das Kreditwesen vom 5. Dezember 1934, RGBl. I S. 1203). Etwaigen Übergriffen seitens der Banken in der Richtung einer willkürlichen und ungerechtfertigten Ausnutzung der AGB. könnte daher schon das staatliche Aufsichtsorgan sofort entgegentreten.

Auch die Rechtsprechung hat in der Beurteilung der Allgemeinen Geschäftsbedingungen durchaus klare Grenzen gezogen und damit einer einseitigen Ausnutzung seitens der Banken zum Nachteile der Kundschaft vorgebeugt.

So hat das Reichsgericht — Urteil des II. Zivilsenats vom 13. Oktober 1934 (RG. 142/23 ff. = JW. 34/545 [547] = BA. 33/151) — grundsätzlich keine Sittenwidrigkeit darin festgestellt, daß eine Bank durch die Fassung ihrer Geschäftsbedingungen alle ihr unerträglich erscheinenden Risiken ausschließt. Es handelt sich hier um den bereits oben S. 63 kurz dargestellten Fall, wo die beklagte Reichsbank einen Wechsel der Klägerin auf mexikanische Goldpesos diskontiert hatte. Durch die Einführung der Silberwährung in Mexiko während der Laufzeit des Wechsels sowie durch die spätere Zahlung des Akzeptanten in Silber war ein Verlust von rund 70 000 RM. entstanden. In Höhe dieses Verlustes hatte die Beklagte das Konto der Klägerin belastet. Gegenüber der Klage berief sich die Beklagte auf eine Klausel ihrer „Allgemeinen Bestimmungen", wonach sie sich das Recht zur Einziehung des Kursunterschiedes für den Fall vorbehalten hatte, daß der diskontierte Wechsel nicht in der Währung bezahlt wird, auf die er lautet.

Das Reichsgericht gab der Klage in vollem Umfang statt. Es führte zu dem hier in Frage stehenden Punkt entsprechend der Feststellung des Kammergerichts aus, daß die bisherige mexikanische Währung durch das neue Münzgesetz nicht zerstört worden sei. Der von der Beklagten zum Diskont angenommene Wechsel sei also ordnungsmäßig in mexikanischer Währung eingelöst worden. Daher sei die betreffende Klausel der „Allgemeinen Bestimmungen" hier nicht anwendbar. Wenn eine Bank, so fährt das Reichsgericht fort, den Willen habe, sich in gewissem Umfang gegen Kursverluste zu schützen und diesen Willen in ihren Geschäftsbedingungen für gewisse Fälle von Verlustmöglichkeiten zum Ausdruck gebracht habe, so spreche das dafür, daß sie in den übrigen Fällen den Verlust nicht abzuwälzen beabsichtigte. Auf seiten des Kunden vollends, der lediglich die ihm von der Bank vorgelegten Geschäftsbedingungen unterzeichnete, spreche nichts dafür, daß er der Bank noch in weiteren Fällen als in den besonders geregelten Kursverluste erstatten wollte.

Diese Auslegung der Geschäftsbedingungen wird allerdings offenbar nicht mehr auf den Gesichtspunkt der Sittenwidrigkeit gestützt, von dem das Reichsgericht bei der Frage ausgeht, ob überhaupt Haftungsbeschränkungen in den AGB. rechtlich zulässig sind. Die Bank, so stellt das Reichsgericht zunächst fest, verstößt nicht gegen die guten Sitten, wenn sie bei Beginn einer Geschäftsverbindung die Anerkennung der AGB. und damit auch der hierin für sie begründeten Haftungsbeschränkungen durch den Kunden voraussetzt. Wieweit die Bank sich aber im Einzelfall dem Kunden gegenüber auf die Haftungsbeschränkungen berufen darf, wie also die betreffenden Klauseln der AGB. auszulegen sind, bestimmt sich letztlich nach den Grundsätzen des Vertragsrechts über Treu und Glauben.

Dies spricht auch ausdrücklich der V. Zivilsenat aus in seiner Entscheidung vom 22. September 1934 — HRR. 1935 Nr. 1 = JW. 34/3054 Nr. 2 —. In diesem Falle handelte es sich zwar nicht um eine Freizeichnungsklausel der Geschäftsbedingungen, sondern um die Sicherungserklärung eines Kunden, deren inhaltliche Erweiterung die Bank zu ihren Gunsten anstrebte. Die zur Entscheidung stehende Frage lief aber auf das gleiche Ziel hinaus, nämlich die Auslegung der AGB., und das Reichsgericht trat auch hier einer einseitigen Auslegung zugunsten der Bank entgegen.

Nach Treu und Glauben und unter Berücksichtigung schutzwürdiger Verkehrssitte, so heißt es in der Begründung, darf auch bei formularmäßigen Sicherungserklärungen, die die Bank sich ausstellen läßt, nicht ohne besondere Gründe eine ausdehnende Auslegung zugunsten der Bank und zuungunsten des Kunden dahin Platz greifen, daß schließlich die Haftung des Erklärenden weit über den Rahmen seiner schriftlichen Erklärung hinaus erweitert wird. Es ist also nicht angängig, die Erklärung des Kunden, daß er für gegenwärtige und zukünftige eigene Schulden gegenüber der Bank Sicherheit bestelle, dahin auszudeuten, daß Sicherheit für alle irgendwie gearteten Schulden bestellt werde.

Nr. 17. §§ 232; 138, 826; 242 BGB.

Das Verlangen der Bank gemäß ihren Geschäftsbedingungen nach Sicherheitsleistung durch den Kunden für einen bisher ungedeckten Kredit ist zulässig.

Die Bank handelt nicht sittenwidrig, wenn sie die Verweigerung der Sicherheitsleistung durch den Kunden einer anderen, dem Kunden ebenfalls Kredit gewährenden Bank mitteilt.

RG. IV. 30. Mai 1932. BA. 31/480.

Vorbemerkung.

Dieser Entscheidung liegt die Bestimmung der AGB. zugrunde, wonach die Bank von ihren Kunden jederzeit die Stellung oder Verstärkung von Sicherheiten verlangen kann. Eine solche Bestimmung ist weder im allgemeinen sittenwidrig, noch verstößt im einzelnen Fall, wie es auch das Reichsgericht hier ausführt, das Verlangen der Bank nach Sicherheit gegen Treu und Glauben. Denn wie der Kunde nicht ohne weiteres gegen die Bank einen Anspruch auf Kredit überhaupt hat, so kann er erst recht nicht die Gewährung von ungedecktem Kredit verlangen.

Das Reichsgericht schränkt hier das Recht der Bank auf Sicherheitsleistung nur dann ein, wenn die Bank auf eine Sicherheit ausdrücklich oder stillschweigend verzichtet hatte. Jedoch müssen für die Annahme eines stillschweigenden Verzichts schon gewichtige Anhaltspunkte vorliegen. Die Tatsache allein, daß die Bank längere Zeit hindurch eine Sicherheit überhaupt nicht verlangt oder sich mit unzulänglichen Sicherheiten begnügt hatte, reicht regelmäßig nicht aus.

Weiter verneint das Reichsgericht in der vorliegenden Entscheidung ein sittenwidriges Verhalten der Bank (§ 826 BGB.), wenn diese die Verweigerung der Sicherheitsleistung durch den Kunden einer anderen Bank mitteilt, die demselben Kunden ebenfalls Kredit gewährt hat. Eine besondere Schweigepflicht der ersten Bank aus dem Kreditvertrage dem Kunden gegenüber lag hier nicht vor. Ebensowenig waren die Voraussetzungen des § 826 BGB. gegeben. Denn derartige Mitteilungen entsprechen bankmäßigen Gepflogenheiten. Sie zielen nicht auf eine Schädigung des Kunden ab, sondern stellen vielmehr Vorbeugungsmaßnahmen dar gegen möglicherweise zu befürchtende Verluste. Eine Sittenwidrigkeit kann also darin regelmäßig ebenfalls nicht gefunden werden.

RG. IV. 30. Mai 1932. BA. 31/480.

Die Klägerin ist durch Lösung eines zwischen ihr und der X.-Bank bestehenden Kreditverhältnisses sowie durch Einschränkung und Erschwerung eines ihr von der Z.-Bank gewährten Kredits in Schwierigkeiten geraten und, wie sie behauptet, auch zu Schaden gekommen. Für diesen Schaden macht sie die beklagte Bank verantwortlich, zunächst in Höhe von 6500 RM. Sie behauptet, die Beklagte habe sich eines Verstoßes gegen die guten Sitten schuldig gemacht und auch vertragswidrig gehandelt, insbesondere habe sie gegen eine am 11. November 1929 getroffene Vereinbarung verstoßen.

Das Landgericht hat die Entscheidung von einem über den Inhalt jener Vereinbarung von Vorstandsmitgliedern der Klägerin zu leistenden Eid abhängig gemacht.

Das Oberlandesgericht hat dagegen die Klage abgewiesen.

Die Revision der Klägerin wurde zurückgewiesen aus folgenden Gründen:

Das Berufungsgericht hält nicht für erwiesen, daß der Klägerin am 11. November 1929 die Verlängerung des Kredits über 150 000 RM. zu den alten Bedingungen zugesichert worden sei. Die Revision greift diese Beweiswürdigung an. Sie glaubt dem Berufungsgericht vorwerfen zu können, daß es den Bericht des Zeugen S. an die Berliner Zentrale vom 12. November 1929 nicht vollständig gewürdigt habe. Das Berufungsgericht hat jedoch mehrfach in seiner Begründung gerade auf diesen Bericht abgehoben. Wenn das Berufungsgericht bei Würdigung des Berichtes nicht zu denselben Schlußfolgerungen gelangte wie die Revision, so genügt dies nicht, um den Revisionsangriff zu rechtfertigen. Es kommt auch nicht darauf an, wie die Klägerin den Inhalt der damaligen Verhandlungen aufgefaßt hat, sondern, ob sie zu ihrer Auffassung nach den vom Zeugen S. abgegebenen Erklärungen berechtigt war. Deswegen war es auch unerheblich, welche Auffassung die Klägerin der Zentrale der Beklagten gegenüber vertrat, und wie sie sich zu anderen Personen darüber äußerte.

Auch im übrigen lassen die Ausführungen des Berufungsgerichts einen Rechtsirrtum nicht erkennen.

Auszugehen ist davon, daß die Beklagte nach ihren Geschäftsbedingungen berechtigt war, für den von ihr gewährten und noch zu gewährenden ungedeckten Kredit Sicherstellung zu fordern. Auf diese für das Vertragsverhältnis der Parteien geltende Bestimmung hat die Beklagte im Laufe der Geschäftsverbindung niemals verzichtet. Vor allem ist nach der Feststellung des Berufungsgerichts nicht erwiesen, daß dies etwa bei der Verhandlung vom 11. November 1929 geschehen ist. Dem am 8. Dezember 1929 gestellten Deckungsverlangen stand auch nicht entgegen, daß die Beklagte durch Bürgschaften gesichert war. Nach der aus Rechtsgründen nicht zu beanstandenden Annahme des Berufungsgerichts sahen beide Parteien diese Bürgschaftserklärungen nicht als eine Deckung im Sinne jener Geschäftsbedingungen an. Überdies konnte die Beklagte auch die Erweiterung einer vorhandenen Deckung verlangen (vgl. § 20 der Geschäftsbedingungen). Allerdings nicht unbegrenzt, sondern nur soweit, als dies nach der gegebenen Sachlage der Beklagten erforderlich erscheinen durfte. Im vorliegenden Falle bestand die Sicherung lediglich in Bürgschaften der Vorstandsmitglieder der Klägerin. Die Auffassung der Beklagten, daß diese Sicherung ihr keine ausreichende Deckung gewährte, kann nicht als unberechtigt angesehen werden.

Die Beklagte war hiernach berechtigt, weitere Sicherstellung zu verlangen. Ihr Verlangen verstieß auch, wie das Berufungsgericht mit Recht ausgeführt hat, nicht wider Treu und Glauben. Es ist unzutreffend, daß die Beklagte, wie die Revision meint, nur dann zu ihrem Vorgehen befugt war, wenn die Klägerin hierzu einen besonderen Anlaß gegeben hätte. Nach ihren Geschäftsbedingungen konnte die Beklagte jederzeit Sicherstellung fordern. Anders lag es nur dann, wenn die Beklagte der Klägerin gegenüber den Anschein erweckte, daß sie von jener Befugnis überhaupt nicht oder wenigstens nicht innerhalb gewisser Zeit Gebrauch machen werde. Dazu reicht nicht aus, daß die Beklagte längere Zeit Kredit gewährt und sich dabei mit den Bürgschaften der Vorstandsmitglieder begnügt hatte. Ebensowenig, daß auf Grund der Besprechung vom 11. November 1929, soweit deren Inhalt vom Berufungsgericht festgestellt ist, das Kreditverhältnis durch Prolongation einer am 12. November 1929 fällig werdenden Tratte, sowie durch Hereinnahme zweier weiterer Tratten fortgesetzt wurde.

Nur soviel konnte der Beklagten angesonnen werden, daß sie der Klägerin zur Beschaffung der Deckung eine angemessene Frist ließ. Zur Gewährung einer solchen Frist ist es nicht gekommen, weil die Klägerin jede Verhandlung darüber ablehnte. Es kann dem Berufungsgericht darin nur beigetreten werden, daß die Klägerin und nicht die Beklagte Veranlassung hatte, Verhandlungen nicht abzulehnen, die geeignet waren, ihr aus den Schwierigkeiten hinwegzuhelfen, die ihr aus dem Sicherungsverlangen der Beklagten erwuchsen.

Die Beklagte hat der Z.-Bank, die der Klägerin gleichfalls Kredit gewährt hatte, von ihrem Vorgehen gegen die Klägerin Kenntnis gegeben. Die Klägerin bezeichnet auch dieses Verhalten der Beklagten als einen Verstoß gegen Treu und Glauben. Zur Begründung ihres Schadensersatzanspruchs würde diese Mitteilung aber nur dann genügen, wenn die Beklagte sich durch sie eines Verstoßes gegen die guten Sitten schuldig gemacht hätte, oder wenn die Beklagte nach ihrem Kreditvertrage mit der Klägerin eine derartige Mitteilung zu unterlassen verpflichtet war. Mit Recht hat das Berufungsgericht die Voraussetzungen auch dieses Schadensersatzanspruchs verneint. Die Revision rügt zwar, daß das Berufungsgericht eine unter Beweis gestellte Behauptung über eine Äußerung eines Direktors der Beklagten, aus der sich eine vertragliche Unterlassungspflicht ergäbe, unberücksichtigt gelassen habe. Auch diese Rüge ist jedoch nicht begründet. Die Klägerin hatte in einem Schriftsatz der I. Instanz behauptet, es wäre ihr von dem Direktor G. in einer mündlichen Unterredung erklärt worden, es werde nicht mehr vorkommen, daß die Beklagte sich mit der Z.-Bank über die Klägerin unterhalte. Abgesehen von der Frage, ob eine derartige Bemerkung eine Zusage dahin enthält, auch von der Beendigung des Kreditverhältnisses der Z.-Bank keine Kenntnis zu geben, durfte das Berufungsgericht davon ausgehen, daß die Klägerin auf diese Behauptung im Berufungsverfahren keinen Wert legte.

Nr. 18. § 138 BGB.

Die Pfandklausel der Allgemeinen Geschäftsbedingungen verstößt nicht gegen die guten Sitten, insbesondere auch nicht, soweit sie sich auf zukünftige Forderungen des Kunden erstreckt.

RG. I. 5. Januar 1935. DJZ. 1935/645 Nr. 116 = BA. 34/301.

Vorbemerkung.

Die Pfandklausel der AGB. ist von ganz besonderer praktischer Bedeutung. Auf ihre rechtlichen Grundlagen kann in diesem Zusammenhang nicht näher eingegangen werden. Hervorgehoben sei hier nur, daß es sich um ein vertragliches Pfandrecht handelt. Es entsteht auf Grund der Vereinbarung zwischen Bank und Kunden, indem der letzte den Empfang der Geschäftsbedingungen bestätigt und sich damit ihren Bestimmungen unterwirft.

Im vorliegenden Fall hat das Reichsgericht seine Entscheidung allein auf die Pfandklausel gegründet, so daß es auf die weiteren Einwendungen der beklagten Bank — die der Aufrechnung und der Arglist — nicht mehr ankam. Die vom Kläger geltend gemachte Sittenwidrigkeit der Pfandklausel hat das Reichsgericht hier klar und grundsätzlich verneint. Vor allem hat es diesen Grundsatz auch dahin ausgedehnt, daß zukünftige Forderungen des Kunden der Pfandklausel ebenfalls unterliegen.

Bei dieser Beurteilung der Pfandklausel sind allerdings zwei Einschränkungen erkennbar:

Die Bank darf einmal bei der Geltendmachung ihres Pfandrechts keine Knebelung des Kunden bewirken. Auf Knebelungsverträge wird im nächsten Abschnitt (vgl. unten S. 118ff.) noch besonders zurückzukommen sein. Die Pfandklausel hat aber, wie das Reichsgericht hier feststellt, auch hinsichtlich der zukünftigen Forderungen regelmäßig keine Knebelung des Kunden zur Folge. Denn der Kunde räumt der Bank ein Pfandrecht meist nur an einer bestimmten Anzahl von Vermögensstücken ein, nämlich soweit solche in die Ver-

fügungsmacht der Bank gelangen. Das wird aber von dem gesamten Vermögen des Kunden nur in Ausnahmefällen gelten können. Auch dann würde nicht die Pfandklausel schlechthin, sondern nur ihre Anwendung im besonderen Fall gegen die guten Sitten verstoßen.

Des weiteren muß die Fassung der Pfandklausel so klar sein, daß ihr Inhalt und ihre Tragweite von jedem durchschnittlichen Bankkunden verstanden werden kann. Ein an sich selbstverständliches Erfordernis, dem wohl auch die übliche Fassung der AGB. gerecht wird, trotz einer gewissen Unübersichtlichkeit, die aber bei dem verwickelten Tatbestand kaum vermeidbar ist.

RG. I. 5. Januar 1935. DJZ. 1935/645 Nr. 116 = BA. 34/301.

Die X. hat, nachdem am 6. August 1932 über ihr Vermögen das Vergleichsverfahren eröfffnet worden war, am 22. November 1932 mit ihren Gläubigern einen gerichtlich bestätigten sog. Treuhändervergleich geschlossen, kraft dessen sie ihr gesamtes Vermögen dem Kläger als Treuhänder zur Verwertung und zur Befriedigung ihrer Gläubiger übertragen hat.

Als Treuhänder hat der Kläger u. a. Ansprüche der X. gegen die Beklagte geltend gemacht, die auf einer Gutschrift bei der Berliner Niederlassung der Beklagten beruhen, entstanden durch die Verwertung von Wertpapieren, bei der sich infolge Kurssteigerungen ein Überschuß in dieser Höhe über die gesicherten Forderungen aus Kredit ergeben hat.

Der Kläger hat beantragt, die Beklagte zur Zahlung von 10 972 RM. nebst 6% Zinsen seit dem 1. Oktober 1933 zu verurteilen.

Die Beklagte hat Klageabweisung beantragt. Sie hat das Bestehen der Guthaben nicht bestritten, aber den Einwand der Aufrechnung und der Arglist erhoben und sich auf das Zurückbehaltungs- und Pfandrecht berufen.

Folgender Sachverhalt ist unstreitig:

Im Juli 1930 hatte sich die X., die die Bank des A.-Konzerns war, an die Beklagte zur Erlangung eines Zwischenkredits gewandt, mit welchem sie eine auf einem in Berlin belegenen Grundstück lastende Hypothek der X. ablösen wollte. Bei den Verhandlungen stellte sich heraus, daß als Eigentümerin dieses Grundstücks im Grundbuch die B.-Grundstücksgesellschaft eingetragen war, die ebenfalls zum A.-Konzern gehörte. Darauf erhielt diese das Darlehn gegen Abtretung der Hypothek an die Beklagte, während die X. die selbstschuldnerische Bürgschaft für die Darlehnsschuld übernahm.

Die Beklagte kündigte das Darlehn zum 1. November 1930. Die X. fragte bei ihr an, ob sie an einer langfristigen Beleihung des Grundstücks Interesse habe. Die Beklagte wandte sich ihrerseits an eine Schweizer Bank, die sich auch bereit erklärte, die Forderung gegen die Grundstücksgesellschaft zu rediskontieren. Es wurde dann die Hypothek in eine langfristige umgewandelt. Auch für diese Hypothek übernahm die X. der Beklagten gegenüber die selbstschuldnerische Bürgschaft. Die Beklagte erhielt von der Schweizer Bank ein mit 7% verzinsliches Darlehn und trat an sie die ebenfalls mit 7% zu verzinsende Hypothek ab.

Schon lange vor Eröffnung des Vergleichsverfahrens über das Vermögen der X. zahlte die Grundstücksgesellschaft die 7% Zinsen auf die Hypothek nicht mehr. Daraufhin nahm die Beklagte die Zinszahlungen auf das von ihr bei der Schweizer Bank geschuldete Darlehn auf. Unstreitig hat sie dergestalt bis zur Eröffnung des Vergleichsverfahrens einen Betrag bezahlt, welcher die vom Kläger geltend gemachten Ansprüche übersteigt.

Auf Grund dieses Sachverhalts behauptet die Beklagte, daß ihr bereits vor Eröffnung des Vergleichsverfahrens Forderungen gegen die X. zugestanden hätten, mit denen sie gegen die vom Kläger geltend gemachten Ansprüche aufgerechnet habe. Die X. sei zwar nach außen als Bürgin aufgetreten, in Wahrheit sei sie Haupt- und Mitschuldnerin gewesen und trotz der Abtretung der Hypothek an die Schweizer Bank geblieben, da diese Abtretung nur zu treuen Händen erfolgt sei. Ferner habe sie, die Beklagte, durch die Zinszahlung an die Schweizer Bank die Geschäfte der Grundstücksgesellschaft besorgt und dadurch Regreßansprüche gegen diese erworben, auf die sich die Bürgschaftsverpflichtung der X. ebenfalls erstrecke. Jedenfalls, so führt die Beklagte aus, sei es arglistig, wenn der Kläger die noch vorhandenen geringen Sicherheiten herausverlange, obwohl noch beträchtliche ungedeckte Forderungen gegen die X. beständen.

Des weiteren hat sich die Beklagte auf Nr. 12 ihrer Bankbedingungen berufen, welche lauten:

„Alle Wertpapiere . . . sowie alle sonstigen Werte, die für Rechnung des Geschäftsfreundes in den Besitz oder die Verfügungsmacht der Bank gelangen, haften ihr von der Errichtung des Kontos oder Depots ab als Pfand für alle bestehenden und künftigen Forderungen gegen den Geschäftsfreund und seine Firma, auf welchem Grund sie auch beruhen mögen. Zu demselben Zweck und unter den gleichen Voraussetzungen gelten auch Forderungen gegen Dritte und gegen die Bank selbst als abgetreten."

Die Beklagte will daraus herleiten, daß ihr schon zur Zeit der Eröffnung des Vergleichsverfahrens ein Pfandrecht an den Gegenständen zugestanden habe, auf die sich die Ansprüche des Klägers beziehen.

Das Landgericht hat die Klage auf Grund des Einwands der Aufrechnung abgewiesen. Die von dem Kläger eingelegte Berufung ist ebenfalls zurückgewiesen worden.

Gegen dieses Urteil hat der Kläger Revision eingelegt.

Das Berufungsgericht hat die Klage abgewiesen mit der Begründung, daß die Beklagte sich gegenüber den vom Kläger geltend gemachten Ansprüchen auf das vertragliche Pfandrecht berufen könne, welches auf den in Ziffer 12 ihrer Bankbedingungen enthaltenen, im Tatbestande wiedergegebenen Bestimmungen beruhe. Danach habe die Beklagte vor Eröffnung des Vergleichsverfahrens zunächst an den Wertpapieren wegen ihrer Forderungen gegen die X., wozu auch diejenige aus der Bürgschaft gehört habe, ein Pfandrecht erlangt. Dieses Pfandrecht sei nicht gemäß § 401 BGB. auf die Schweizer Bank übergegangen, weil ein solcher Übergang nach der Natur des Bankvertrages als stillschweigend ausgeschlossen gelten müsse. Nach der Abtretung der Forderung gegen die Grundstücksgesellschaft nebst der Hypothek und der Bürgschaft habe die Beklagte, da diese Abtretungen nur sicherungshalber erfolgt seien, von vornherein begründete Aussicht auf Wiedererlangung der Forderung gegen die X. gehabt, sobald sie nämlich das Darlehn zurückbezahlt haben würde. Es habe daher schon vor Eröffnung des Vergleichsverfahrens eine zukünftige Forderung gegen die X. im Sinne von § 1204 Abs. 2 BGB. bestanden, für die die Wertpapiere und später deren Erlös als Pfand gehaftet hätten. Dieses Pfandrecht bestehe auch jetzt noch, und die Beklagte könne sich darauf berufen.

Diese Ausführungen werden von der Revision vergeblich angegrifffen. Es ist nicht anzuerkennen, daß die Bankbedingungen der Beklagten an der Stelle, auf die sie sich beruft, so unklar sind, daß sie von einem durchschnittlichen Bankkunden nicht verstanden werden können. Der erste Satz der Ziffer 12 der Bedingungen ist ohne weiteres klar. Für die Ansprüche des Klägers bedarf es eines Zurückgehens auf den Satz 2 überhaupt nicht, weil es sich insoweit um den Überschuß aus dem Pfandverkauf von Wertpapieren handelt, der an die Stelle der Pfänder getreten ist und als solcher durch das Pfandrecht erfaßt wird. Die Bankbedingungen, mit denen sich die in RGZ. 115 S. 199 abgedruckte Entscheidung befaßt, lauten anders und weit weniger klar als die hier streitigen.

Gegenüber der Berufung der Beklagten auf diese Bedingungen kann der Kläger nicht geltend machen, daß eine nach § 138 BGB. unzulässige Rechtsanwendung vorliege. Es braucht nicht untersucht zu werden, ob die Berufung auf § 138 BGB. schon deshalb versagen muß, weil hier lediglich eine dingliche Rechtsverschiebung in Frage steht, oder ob ein Ausnahmefall vorliegt, in welchem § 138 BGB. auch für solche Geschäfte in Frage kommt. Es fehlt in jedem Falle an der Voraussetzung, daß der Kunde durch die Einräumung des Pfandrechts auch für künftige Forderungen in einer gegen die guten Sitten verstoßenden Weise in seiner wirtschaftlichen Verfügungsfreiheit beschränkt würde. Soweit seine Verfügungsmöglichkeit eingeschränkt wird, handelt es sich immer nur um einen engen Kreis von Vermögensstücken. Eine Knebelung des Kunden kann darin nicht erblickt werden.

Daß die Beklagte schon bei Abtretung der Forderung gegen die Grundstücksgesellschaft nebst der Hypothek und Bürgschaft eine begründete Aussicht auf deren Wiedererlangung hatte, ist vom Berufungsgericht festgestellt worden. Daß diese begründete Aussicht eine „künftige" Forderung im Sinne der Bankbedingungen, eine „Anwartschaft" auf eine Forderung darstellte, ist rechtlich nicht zu beanstanden und wird von der Revision auch nicht bekämpft. Zu Unrecht beruft sich diese darauf, daß, wenn der Übergang des Pfandrechtes wegen der Bürgschaftsschuld der X. auf die Schweizer Bank ausgeschlossen gewesen sei, dieses Pfandrecht insoweit erloschen sei. Hierbei wird übersehen, daß nach der Annahme des Berufungsgerichts mit der Abtretung der Forderung aus der Bürgschaft an die Schweizer Bank für die Beklagte eine neue, andersartige Forderung entstanden sei, nämlich eine zukünftige Forderung, eine „Anwartschaft", für welche die Grundlagen insofern vorhanden waren, als die Beklagte begründete Aussicht auf Wiedererlangung der Bürgschaftsforderung nach Rückzahlung des Darlehns hatte. Für diese vor Eröffnung des Vergleichsverfahrens neu entstandene oder vielleicht auch nur umgewandelte künftige Forderung wurde das vertragliche Pfandrecht neu begründet.

Nr. 19. §§ 138, 242 BGB.

Die Forderung einer Bank auf unverhältnismäßig hohe Zinsen und Provisionen verstößt dann nicht gegen die guten Sitten, wenn die Zins- und Provisionssätze vertraglich vereinbart wurden, und wenn die Bank von deren Angemessenheit überzeugt war.

RG. I. 12. Juli 1935. BA. 35/51.

Vorbemerkung.

Daß die Bank für Kredite, die sie ihren Kunden gewährt, Zinsen beanspruchen kann, ist nicht nur als allgemein üblich und der Verkehrssitte entsprechend selbstverständlich (§§ 346 HGB., 157, 242 BGB.), sondern auch gesetzlich begründet (§§ 354 Abs. 2, 355 Abs. 1 HGB., 608 BGB.). Ebenso hat auch der Kunde einen Zinsanspruch für seine Einlagegelder (§§ 700, 608 BGB.). Provisionen stehen der Bank, soweit sie nicht ausdrücklich im Gesetz bestimmt sind (z. B. §§ 675, 612, 632 BGB., 354 Abs. 1 HGB.), in gleicher Weise nach Handelsbrauch zu (§§ 346 HGB., 157, 242 BGB.). Schließlich hat die Bank noch einen Anspruch auf Erstattung ihrer Auslagen (§§ 675, 670 BGB., 354 Abs. 2 HGB.).

Wegen der Höhe der Zinsen und Provisionen pflegen die Geschäftsbedingungen auf die im besonderen Fall vereinbarten oder üblichen Sätze Bezug zu nehmen. Es gelten also regelmäßig nicht die gesetzlichen Zinssätze (vgl. insbesondere §§ 246, 288 BGB., 352 HGB.);

an ihre Stelle treten vielmehr die von den lokalen Bankenvereinigungen festgelegten Sätze. Deren Höhe wird von dem Aufsichtsamt für das Kreditwesen überwacht (Reichsgesetz über das Kreditwesen vom 5. Dezember 1934. RGBl. I. S. 1203).

Ist daher zwischen Bank und Kunden keine ausdrückliche Zinsabrede getroffen worden, „so muß doch bei der Aufnahme von Bankkredit der bankenübliche Zinssatz als stillschweigend vereinbart angesehen werden". In dem Urteil vom 11. Juli 1934 — DJZ. 1935/124 Nr. 22 = JW. 34/2476 = BA. 34/63 — hat deshalb das Obergericht Danzig die klagende Bank für berechtigt erklärt, „jeweils den Zins in Ansatz zu bringen, der im allgemeinen für Kredite von Banken angerechnet wurde. Diesen üblichen Zinssatz hielt das Obergericht in jenem Falle nicht für unangemessen hoch, obwohl er den damaligen Reichsbankdiskont um einige Prozent überstieg.

Die nachstehend wiedergegebene Entscheidung des Reichsgerichts vom 12. Juli 1935 entspricht in ihrer Begründung dem bereits oben (S. 90ff.) dargestellten Beschluß des Großen Senats. Wenn auch die von der beklagten Bank vereinbarungsgemäß geforderten Zins- und Provisionssätze, wie festgestellt wurde, das gewöhnliche Maß um etwa 5 bis 7% überstiegen und damit tatsächlich unverhältnismäßig hoch waren, so sah doch das Reichsgericht in diesem — objektiven — Umstand allein noch keinen Sittenverstoß seitens der Bank (§ 138 Abs. 1 BGB.). Denn diese habe ihre Forderung aus eingehend dem Kunden dargelegetn Gründen für angemessen gehalten, ohne daß der Kunde dem widersprochen hätte. Er habe sich daher entsprechend den Gepflogenheiten des kaufmännischen Verkehrs auch mit den unverhältnismäßig hohen Sätzen einverstanden erklärt, so daß insoweit eine vertragliche Vereinbarung vorliege, von der jetzt billigerweise (§ 242 BGB.) nicht mehr abgewichen werden könne.

Das Reichsgericht hat also zunächst in dem Verhalten der Bank das Bewußtsein oder auch nur das Wissenmüssen von einer Sittenwidrigkeit nicht gefunden und daher auf Grund der objektiven Sachlage, der unverhältnismäßig hohen Zins- und Provisionssätze allein einen Sittenverstoß verneint. Als besonderer Umstand trat hier noch hinzu, daß der Kunde durch sein Stillschweigen die Bank in deren Ansicht über die Unbedenklichkeit der streitigen Sätze nur bestärkt hatte. Der Kunde würde, so hat has Reichsgericht daraus weiter gefolgert, gegen Treu und Glauben verstoßen, wollte er nachträglich die bisher unwidersprochen gelassene Forderung der Bank nicht erfüllen.

RG. I. 12. Juli 1935. BA. 35/51.

Die Klägerin nahm von 1924 ab bei der Beklagten, einer Privatbank, Kredit in Anspruch. Der Saldo zu Lasten der Klägerin betrug Ende 1926 rund 16 000 und Ende 1932 rund 18 000 RM. Im September 1927 übernahm die Ehefrau des damaligen alleinigen Inhabers der Klägerin, eine Base der Inhaber der Beklagten, die selbstschuldnerische Bürgschaft für die Kreditschuld. Am 13. September 1931 starb der Vater der Bürgin und wurde von dieser mitbeerbt. Testamentsvollstrecker wurde der Inhaber der Klägerin. 1932 verhandelten die Parteien über die Kreditschuld. Die Bürgin trat an die Beklagte eine ihr von ihrem Ehemann in seiner Eigenschaft als Testamentsvollstrecker aus dem Nachlaß ihres Vaters zugeteilte Forderung gegen die G. & Co. AG. ab, damit sich die Beklagte aus den Eingängen auf diese Forderung wegen ihres Kreditanspruchs gegen die Klägerin bezahlt mache. Der Inhaber der Klägerin sandte der Beklagten die Abtretungserklärung seiner Ehefrau zu und bat in dem Begleitschreiben vom 21. Juni 1932, die Beklagte möge, da der Kredit nunmehr auf völlig gesicherter Basis sei, die Bedingungen revidieren. Die Klägerin habe bei der Beklagten an Zinsen und Provisionen weit mehr bezahlt als an anderer Stelle. Die Beklagte erwiderte mit Brief vom selben Tage: Sie habe die bei allen ihren Kunden üblichen Sätze für Überziehung gerechnet. Sie bitte dabei zu beachten, daß sie als Privatbank angesichts der etwas teureren Geldbeschaffungsmöglichkeiten Sätze zu berechnen gezwungen sei, die sich etwas über die der Großbanken erhöben, und ferner zu berücksichtigen, daß das für die Klägerin geführte Konto gänzlich umsatzlos sei. Im übrigen sei sie gegen das Vorjahr schon um 1% in bezug auf die Überziehungsprovision zurückgegangen, um den Zeitverhältnissen Rechnung zu tragen. Sie wolle entgegenkommenderweise der Klägerin einen Überziehungsprovisionssatz gewähren, der sich in einer Ermäßigung von weiter ca. 1% p. a. auswirke.

Die Klägerin hat von den Rechnungsauszügen der Beklagten einige schriftlich anerkannt, insbesondere die zum 30. Juni und 30. September 1932 abgeschlossenen.

Die Beklagte hat sich aus der ihr abgetretenen Forderung wegen der Kreditschuld der Klägerin befriedigt.

Die Klägerin macht geltend, die Beklagte habe wucherische Zinsen berechnet. Als übermäßig sieht sie den Unterschied zwischen den von der Beklagten und den von dem Bankhaus M. & Co. in L., von dem die Klägerin sich ebenfalls Kredit hatte gewähren lassen, berechneten Zinsen an und verlangt auf Grund einer Abtretung durch die Bürgin Rückgewähr des Unterschiedsbetrags für die Zeit vom 1. Januar 1927 bis zum 31. Dezember 1931 in Höhe von 7385 RM. und 4% Zinsen.

Landgericht und Oberlandesgericht haben die Klage abgewiesen.

Die Beklagte hat sich im Jahre 1934 aus einer ihr im Jahre 1932 von der Bürgin zahlungshalber abgetretenen Forderung wegen Zins- und Provisionsansprüchen befriedigt, die ihr angeblich gegen die Klägerin zustanden. Die Klägerin verlangt mit der Klage aus abgetretenem Recht der Bürgin Rückzahlung des eingezogenen Betrages zuzüglich Prozeßzinsen, weil die Zins- und Provisionsansprüche wegen Verstoßes gegen die guten Sitten, insbesondere wegen Wuchers nicht zu Recht bestanden hätten. Behauptet war zum Tatbestand des Wuchers nur Ausbeutung einer Notlage der Klägerin, nicht auch ihres Leichtsinns oder der Unerfahrenheit, und das Vorliegen dieser Voraussetzung hat das Berufungsgericht ohne Rechtsirrtum verneint. Insoweit hat die Revision auch keinen Angriff erhoben.

Dagegen macht sie geltend, daß eine starke Gewinnsucht bei dem Verwandtschaftsverhältnis der Parteien und der dadurch begünstigten Vertrauensseligkeit der Klägerin ein sittenwidriges Verhalten der Beklagten darstellen könne. Indessen ist eine Vertrauensseligkeit der Klägerin nicht festgestellt worden, und sie ergibt sich aus dem zwischen den Parteien bestehenden Verwandtschafts- oder Schwägerschaftsverhältnis nicht ohne weiteres. Es entspricht nicht der Erfahrung, daß solche Beziehungen im Geschäftsverkehr einer offenen Handelsgesellschaft mit einer Bank zur Berechnung niedrigerer Zins- und Provisionssätze führen, als sie von der Bank anderen Kunden berechnet werden. Das Oberlandesgericht hat diese Frage aber auch geprüft und ohne Rechtsirrtum dahin beantwortet, daß die verwandtschaftlichen Beziehungen der Parteien nicht geeignet seien, die Zins- und Provisionsforderungen der Beklagten als gegen die guten Sitten verstoßend erscheinen zu lassen. Auch sonstige derartige Umstände sind nicht festgestellt worden.

Übrig bleibt allein das von der Klägerin behauptete auffällige Mißverhältnis der Höhe der von der Beklagten berechneten Zinsen und Provisionen gegenüber deren Leistungen. Beide Vordergerichte haben geprüft, ob es nach der heutigen Rechtsanschauung — entgegen der bisherigen Rechtsprechung des Reichsgerichts — für sich allein die Anwendung des § 138 Abs. 1 BGB. zu rechtfertigen vermag. Der vorliegende Fall nötigt indessen nicht hierzu Stellung zu nehmen.

Der Klägerin war bekannt, daß die Beklagte ihr erheblich höhere Zinsen und Provisionen berechnete, als andere Banken, insbesondere das Bankhaus M. & Co. in L., mit dem sie nach den Kontoauszügen mindestens seit dem 1. Januar 1927 ebenfalls im Geschäftsverkehr stand. Die Sätze der Beklagten waren um 5½ bis 7½ v. H. höher als die jener Firma. Darum schrieb sie der Beklagten am 21. Juni 1932 gelegentlich der Übersendung der Abtretungsurkunde der Bürgin:

> „Da der meiner Firma zur Verfügung stehende Kredit nunmehr auf vollkommen gesicherter Basis ist, bitte ich die Bedingungen zu revidieren. Ich habe bei Euch an Provision und Zinsen bisher weit mehr bezahlt als an anderer Stelle und hoffe, da ich Deinen Wünschen wegen Deckung in jeder Beziehung Rechnung getragen habe, auch auf ein Entgegenkommen von Deiner Seite."

Die Beklagte erwiderte am gleichen Tage:

„Was Deine Bitte um Ermäßigung der Konditionen betrifft, so möchte ich darauf hinweisen, daß wir die bei allen unseren Kunden üblichen Sätze für Überziehung gerechnet haben. Ich bitte dabei zu beachten, daß wir als Privatbank angesichts der etwa teureren Geldbeschaffungsmöglichkeiten Sätze zu berechnen gezwungen sind, die sich etwas über diejenigen der Großbanken erheben, und ferner berücksichtigen, daß das für Deine Firma geführte Konto gänzlich umsatzlos ist und uns in dieser Beziehung keinerlei Äquivalent für die Führung gewährt. Im übrigen sind wir gegen das Vorjahr schon um 1% in bezug auf die Überziehungsprovision zurückgegangen, um den Zeitverhältnissen Rechnung zu tragen. Doch wollen wir entgegenkommenderweise ab 1. Juli 1932 Deiner Firma einen Überziehungsprovisionssatz gewähren, der sich in einer Ermäßigung von weiter ca. 1% p. a. auswirkt."

Dem hat die Klägerin nicht widersprochen, sie hat vielmehr am 1. August und am 21. Oktober 1932 die ihr von der Beklagten gesandten Rechnungsauszüge und Schuldsalden ausdrücklich als richtig anerkannt.

Dieses Verhalten der Klägerin mußte von der Beklagten dahin verstanden werden, daß die Klägerin ihre Bedenken wegen der Höhe der Zinsen und Provisionen zurückgestellt habe und mit den ihr berechneten Sätzen einverstanden sei. Die Klägerin behauptet zwar das Gegenteil. Sie will die Rechnungsauszüge nur anerkannt haben in der Befürchtung, daß ihr die Beklagte sonst den Kredit kündigen würde, und unter dem stillschweigenden Vorbehalt, die Übermäßigkeit der Zinsen und Provisionen nachträglich wieder geltend zu machen, sobald ihre Schuld bei der Beklagten im übrigen gedeckt sein würde. Damit kann sie aber nicht gehört werden, weil der Vorbehalt gegen Treu und Glauben verstoßen würde und der Beklagten nicht erkennbar war, die das Verhalten der Klägerin als das eines redlichen und ehrbaren Kaufmanns würdigen und als Einverständniserklärung mit ihrer Zins- und Provisionsberechnung ansehen durfte und mußte.

Es liegt daher eine vertragliche Einigung der Parteien über die Höhe der Zins- und Provisionssätze vor, und es ist zu prüfen, ob diese Vereinbarung allein deswegen gegen die guten Sitten verstößt, weil, wie zu unterstellen ist, die der Klägerin von der Beklagten berechneten Zinsen und Provisionen unverhältnismäßig hoch gewesen sind.

Das aber muß nach den obwaltenden Umständen verneint werden. In einem Falle wie dem vorliegenden kann die Frage, was den Anschauungen aller billig und gerecht Denkenden entspricht, nicht lediglich nach sachlichen Gesichtspunkten beurteilt werden. Es muß vielmehr auch die persönliche Anschauung der Beklagten berücksichtigt werden. In dieser Beziehung kommt in Betracht, daß die Beklagte in ihrem Schreiben vom 21. Juni 1932 ihre Zins- und Provisionssätze mit beachtlichen Gründen zu rechtfertigen gesucht hat; und es ist nichts dafür erbracht, daß sie nicht von der Richtigkeit dieser Gründe überzeugt gewesen sei. Letztere Annahme liegt um so näher, als auch billig und gerecht denkende Menschen über die sachliche Angemessenheit oder Unangemessenheit solcher Ansprüche sehr verschieden denken können, wie auch das, was angemessen ist, nur von dem zutreffend beurteilt werden kann, der die geschäftlichen Beziehungen der Parteien in allen ihren Einzelheiten kennt und sie sämtlich richtig würdigt.

Jedenfalls ist davon auszugehen, daß die Beklagte ihre Zins- und Provisionssätze für angemessen gehalten hat. Das ersah auch die Klägerin aus dem Schreiben vom 21. Juni 1932; ihre Pflicht war es, dieser Aufffassung alsbald entgegenzutreten, wenn sie sich ihr nicht anschließen wollte. Dadurch, daß sie dies nicht getan, vielmehr die Rechnungsauszüge anerkannt hat, hat sie die Beklagte in ihrer Meinung nur bestärkt. Unter solchen Umständen wäre es unbillig, wenn man der Klägerin gestatten wollte, von der nach dem oben Ausgeführten getroffenen vertraglichen Vereinbarung abzugehen, weil die ihr berechneten Zins- und Provisionssätze tatsächlich unverhältnismäßig hoch waren. Die Sicherheit des kaufmännischen Verkehrs, in dem die Klägerin als eine nicht unbedeutende Handelsfirma steht, würde damit auch nicht vereinbar sein.

Die Zins- und Provisionsvereinbarung der Parteien verstößt hiernach nicht gegen die guten Sitten. Damit erledigt sich auch die Rüge der Revision, daß die Vorschriften über ungerechtfertigte Bereicherung verletzt seien.

Zu erörtern ist nur noch, ob die Bürgin, aus deren Recht die Klage erhoben ist, die Vereinbarung der Parteien trotz § 767 Abs. 1 Satz 3 BGB. gegen sich gelten lassen muß. Das ist zu bejahen, weil die Zinsen und Provisionen der Beklagten zur Zeit der Bürgschaftsübernahme im Jahre 1927 schon annähernd so hoch waren wie in späterer Zeit, und die Bürgin mit gewissen Schwankungen in ihrer Höhe rechnen mußte. Solche Schwankungen zeigen auch die Rechnungsauszüge des Bankhauses M. & Co., und zwar nahezu in dem gleichen Verhältnis wie die der Beklagten.

Nr. 20. §§ 138 Abs. 1, 817 BGB.

Die Einrichtung eines Bankkontos mit dem Hauptzweck, die darauf eingezahlten Gelder der Besteuerung zu entziehen, verstößt gegen die guten Sitten. Der Kunde hat insoweit auch keinen Bereicherungsanspruch gegen die Bank.

RG. I. 29. September 1934. JW. 35/420 Nr. 4 = BA. 34/84 = DJZ. 35/576 Nr. 109.

Vorbemerkung.

Im vorliegenden Falle handelt es sich um einen Geschäftsvorgang zwischen Bank und Kunden, der sicherlich aus dem gewöhnlichen Rahmen für Bankgeschäfte herausfällt. Bei der Vielzahl und Vielfältigkeit der Vorgänge im bankgeschäftlichen Verkehr werden sich aber derartige Abwege nie völlig versperren lassen. Die Würdigung eines solchen Falles in der Rechtsprechung hier zu erwähnen, gehört daher zu einer vollständigen Darstellung dieses Abschnitts.

Das Berufsgericht hatte hier, unter späterer Billigung des Reichsgerichts, trotz des entgegenstehenden Sachvortrags der beklagten Bank deren Passivlegitimation angenommen. Es hatte weiter die rechtsgeschäftliche Vertretung der Bank durch ihren ungetreuen Direktor für ordnungsmäßig und damit für die Bank verbindlich erachtet. Wenn es auch in diesem Fall hierauf letztlich nicht ankam, so soll doch auf die großen Gefahren hingewiesen werden, die für jede Bank in einer so strengen Beurteilung ihrer Verantwortlichkeit liegen; Gefahren, die nur durch eine besonders sorgfältige Auswahl der Angestellten, und besonders der leitenden Kräfte, vermieden oder wenigstens vermindert werden können. In diesem Zusammenhang sei auch nochmals auf die bereits oben (S. 21f.) angeführte Entscheidung des Oberlandesgerichts Königsberg vom 7. Dezember 1933 — HRR. 1934 Nr. 1018 — verwiesen.

Bei der Anwendung des § 138 Abs. 1 BGB. folgt der I. Zivilsenat im vorliegenden Falle der ständigen Rechtsprechung, wie sie später der Große Senat in seinem Beschluß vom 13. März 1936 ausdrücklich aufrechterhalten hat (vgl. oben S. 90ff.). Es wird also, um die Nichtigkeit eines Geschäfts zu begründen, neben objektiven Merkmalen auch eine dem herrschenden Volksempfinden zuwiderlaufende Gesinnung des einen oder anderen Vertragsteils vorausgesetzt. Beide Merkmale, das objektive wie das subjektive, sieht der erkennende Senat hier in der Errichtung eines besonderen Kontos, verbunden mit der Absicht einer Steuerhinterziehung, als gegeben an. Dabei ist besonders hervorzuheben, daß es einer vollendeten Steuerhinterziehung nicht bedarf; es genügt bereits „daß der Vertrag nach Zweck und Inhalt bestimmt war, eine zukünftige Steuerhinterziehung zu erleichtern".

Mit der Nichtigkeit des Darlehnsvertrages zwischen Bank und Kunden (§ 700 BGB.) entfällt zwar der Anspruch des Kunden aus diesem Vertrage auf Rückerstattung seiner Einlagen, nicht aber auch ohne weiteres der Bereicherungsanspruch gegen die Bank (§ 812 BGB.). Dem tritt jedoch das Reichsgericht hier auf Grund des § 817 Satz 2 entgegen mit der Begründung, daß der Kunde selbst bei der Errichtung des fraglichen Kontos „gleichfalls" gegen die guten Sitten verstoßen hätte.

In diesen Zusammenhang gehört ferner die Entscheidung des Oberlandesgerichts Kiel vom 4. April 1932 — BA. 31/337 —. Hier hatte der Kunde bei einer Bank, wo der Beklagte als Depositenkassenvorsteher tätig war, einen längst fälligen Debetsaldo. Da der Beklagte wegen der bevorstehenden Monatsbilanz auf dessen Glattstellung drängte, veranlaßte der Kunde den Zedenten des Klägers dazu, dem Beklagten einen Scheck auszuhändigen. Damit sollte das Konto des Kunden über die Zeit der Revision ausgeglichen werden. Der beklagte Depositenkassenvorsteher sagte zu, den Scheck nach Ablauf von drei Tagen dem Zedenten wieder zurückzugeben; das Konto des Kunden sollte dann von neuem entsprechend belastet werden.

Es handelte sich also um ein glattes Täuschungsmanöver. Da der Beklagte später den Scheck nicht vereinbarungsgemäß zurückgab, erhob der Kläger aus abgetretenem Recht Klage auf Zahlung des Scheckbetrages. Die Klage wurde abgewiesen, weil der der Hingabe des Schecks zu grunde liegende Vertrag zwischen dem Beklagten und dem Zedenten des Klägers sittenwidrig und daher nichtig sei. Die Sittenwidrigkeit sah das Oberlandesgericht in der auf die Täuschung der Bankrevisoren gerichteten Absicht der Vertragsparteien.

Während in dem soeben erwähnten Fall ein Bereichungsanspruch gegen den beklagten Depositenkassenvorsteher keinesfalls gegeben war, stand gerade die Frage der Bereicherung und damit die Auslegung des § 817 BGB. im Mittelpunkt der Reichsgerichts-Entscheidung vom 27. März 1936 — VII. Zivilsenat, Grundeigentum 1936/687 —.

Hier verlangte der Kläger aus § 812 BGB. die Rückzahlung eines dem Beklagten im Jahre 1932 gewährten Darlehns von 8000 RM. Der Beklagte hatte damals das Darlehn erhalten, um einen Hypothekengläubiger zu befriedigen, der die Zwangsversteigerung in ein dem Beklagten gehöriges Grundstück betrieb. Für das Darlehn hatte der Beklagte dem Kläger Sicherheiten bestellt. Als sich der Kläger aus den Sicherheiten befriedigen wollte, war es zwischen den Parteien zu einem Streit gekommen. In dem Vorprozeß hierüber waren die anläßlich der Darlehnshingabe abgeschlossenen Rechtsgeschäfte wegen Wuchers für nichtig erklärt worden.

Gegenüber dem jetzigen Bereicherungsanspruch des Klägers erhob der Beklagte den Einwand aus § 817 Satz 2 BGB. Die Klage wurde in allen drei Instanzen abgewiesen.

Das Reichsgericht erklärte zunächst die Bestimmung des § 817 Satz 2 BGB. auch auf die von einem Wucherer gewährte Leistung für anwendbar. Denn hinsichtlich des § 817 liege der wucherische und damit sittenwidrige Charakter des Geschäfts nicht allein in dem Versprechenlassen übermäßiger Vorteile, sondern zugleich auch in der Leistung des Wucherers, der Darlehnshingabe selbst. Beides, das Versprechenlassen der Vorteile und die Leistung, könne, da auf den gleichen wucherischen Zweck gerichtet, bei der Anwendung des § 817 nicht auseinandergerissen werden. Der Senat lehnte damit — wenigstens für den Bereich dieser Bestimmung — die vom Kommentar der Reichsgerichtsräte und von Planck bei § 817 BGB. vertretene Ansicht ab, daß beim Wuchergeschäft die Sittenwidrigkeit ausschließlich in dem Versprechenlassen wucherischer Vorteile zu finden sei, nicht aber auch bei der vom Wucherer gewährten Leistung selbst.

Weiter wurde geprüft, ob in allen Bereicherungsfällen geltend gemacht werden könne, daß der Leistende durch die Leistung nach deren Zweckbestimmung gegen ein gesetzliches Verbot (§ 134 BGB.) oder gegen die guten Sitten (§ 138 BGB.) verstoßen habe. Diese Frage berücksichtigt die Fassung des § 817 Satz 2 BGB., nach deren genauem Wortlaut der Bereicherungsanspruch des Leistenden nur dann entfällt, wenn nicht allein dem Leistenden sondern „gleichfalls" auch dem Empfänger der Leistung ein solcher Verstoß zur Last fällt. Bei wörtlicher Auslegung würde daher der Empfänger eines Wucherdarlehns, der selbst sittenwidrig durch die Annahme des Darlehns gehandelt hätte, nicht zur Rückerstattung verpflichtet sein, wohl aber derjenige Empfänger, dem kein Sittenverstoß zur Last fiele, der sich also einwandfrei verhalten hätte. Der Wucherer würde somit ohne ersichtlichen Grund einem anständigen Empfänger gegenüber weit besser gestellt werden, als es das Gesetz für den Fall vorgesehen hat, in dem der Empfänger „gleichfalls" gegen das Gesetz oder gegen die guten Sitten verstoßen hat.

Dieses offensichtlich unbillige Ergebnis hatte hier schon das Berufungsgericht, das Oberlandesgericht Naumburg in seinem Urteil vom 30. Oktober 1935 — DJZ. 1936/135 — unter Hinweis auf die ständige Rechtsprechung des Reichsgerichts entgegen dem Kommentar der Reichsgerichtsräte abgelehnt. Dem schloß sich auch die Revisionsinstanz an. Sie hob hervor, daß sich der Kläger der Verwerflichkeit nicht seiner Leistung an sich, sondern deren Zweckbestimmung durchaus bewußt gewesen sei. Vor allem dieses subjektive Merkmal rechtfertige es, daß der Gesetzgeber dem Leistenden einen Anspruch nehme, der ihm gerade durch die objektive Sitten- oder Verbotswidrigkeit mit der ihr entsprechenden Folge der Nichtigkeit des Geschäfts entstanden sei. Wenn der Leistende und der Empfänger einer den guten Sitten widerstreitenden Leistung eines Sittenverstoßes schuldig seien, dann verbiete § 817 Satz 2 BGB. den Rückforderungs-

anspruch des Leistenden. Das müsse um so mehr gelten, wenn dem Empfänger ein solcher Verstoß nicht vorzuwerfen sei.

Als eine bedenkliche Folge ergebe sich allerdings daraus, daß der Bewucherte deshalb, weil der Bereicherungsanspruch des Wucherers entfalle, einen Gewinn erlange, auf den er weder rechtlich noch sittlich einen Anspruch habe. Hieran könne aber nicht der Richter, sondern allein der Gesetzgeber eine Änderung treffen.

RG. I. 29. September 1934. JW. 1935/420 Nr. 4 = BA. 34/84 = DJZ. 1935/576 Nr. 109.

Der Kläger stand seit einer Reihe von Jahren mit der beklagten Genossenschaftsbank in Geschäftsverbindung und unterhielt bei ihr ein laufendes und daneben ein sog. Spar- oder Separatkonto. Über letzteres hatte ihm die Beklagte ein Sparbuch von brauner Farbe mit dem Aufdruck ihrer Firma ausgehändigt, in welchem Aus- und Einzahlungen und Zinszuschreibungen aufgezeichnet wurden. Am 1. Juni und 6. Juli 1931 hob der Kläger von diesem Konto je 5000 RM. ab und stellte über den Empfang Quittungen aus. Die abgehobenen Beträge legte der Kläger auf Grund einer Besprechung mit dem damaligen Direktor und Hauptkassierer der Beklagten, St., alsbald mit anderen kleineren Beträgen zusammen wieder an. St. händigte ihm darüber ein blaues Sparbuch aus, welches keinerlei Firmenaufdruck trug. Nach verschiedenen Abhebungen, Zinsenzuschreibung und einer neuen Einzahlung belief sich der Saldo des im blauen Buche aufgezeichneten Kontos auf 6908 RM. Der Direktor St. hatte am 15. Oktober 1932 Selbstmord begangen. Als der Kläger Auszahlung seines Guthabens verlangte, weigerte sich die Beklagte mit der Begründung, es liege ein Rechtsgeschäft lediglich zwischen St. und dem Kläger vor, das sie nicht berühre.

Der Kläger hat Klage erhoben mit dem Antrage, die Beklagte zur Zahlung von 6908 RM. nebst Zinsen zu verurteilen.

Die Beklagte hat Klageabweisung beantragt.

Sie hat vorgetragen: Bei der Übergabe der vom alten Sparkonto abgehobenen Beträge durch den Kläger an Direktor St. habe es sich um ein lediglich zwischen diesen Personen abgeschlossenes Geschäft gehandelt, bei welchem der Zweck verfolgt worden sei, diese Gelder der Versteuerung zu entziehen. Dafür sprächen die auch dem Kläger bekannten Umstände, daß die abgehobenen Beträge nicht am Schalter zu neuer Anlage eingezahlt, sondern dem Direktor St. in dessen Privatzimmer ausgefolgt seien, daß ein Sparbuch ohne jeglichen Firmenaufdruck verwendet worden sei, daß der Kläger keine Einzahlungszettel ausgestellt habe, endlich die hohe Verzinsung von 7%, die die Beklagte niemals gewährt haben würde. In ihren Büchern finde sich über das streitige Konto nichts, und es sei dem

Kläger niemals, wie bei den alten Konten, ein Auszug übersandt worden.

Wenn man aber dem entgegen annähme, daß St. im Namen der Bank mit dem Kläger abgeschlossen habe, so sei sie aus dem Geschäft nicht verpflichtet, weil sie nicht gesetz- und satzungsgemäß durch zwei Vorstandsmitglieder vertreten gewesen sei. Es liege hier nicht ein normales Bankgeschäft vor, bei welchem der Abschluß durch ein Vorstandsmitglied als bindend anzusehen sei, sondern ein anormales, nämlich ein solches, welches zum Zwecke der Steuerhinterziehung eingegangen sei; solche Verträge lägen natürlich ganz außerhalb des gewöhnlichen Bankverkehrs.

Wegen des verfolgten sittenwidrigen Zweckes würde das Geschäft nach § 138 BGB. nichtig gewesen sein, so daß sie auch deshalb nicht aus dem Darlehnsgeschäft in Anspruch genommen werden könnte.

Eine Haftung wegen ungerechtfertigter Bereicherung komme nicht in Frage. Das eingezahlte Geld sei nicht in ihre Kasse gekommen; jedenfalls bestehe eine Bereicherung jetzt nicht mehr. Einem etwaigen Anspruch des Klägers stehe auch § 817 Satz 2 BGB. entgegen, da er selbst sittenwidrig gehandelt habe.

Auf alle Fälle scheide jede Haftung aus dem Gesichtspunkt des mitwirkenden Verschuldens des Klägers aus.

Der Kläger hat erwidert: Er habe nicht mit St. persönlich, sondern mit der Bank abschließen wollen und abgeschlossen. St. habe ihm erklärt, die Bank führe jetzt besondere Sparkonten, welche der Steuerbehörde unbekannt blieben; daraufhin habe er sich entschlossen, ein solches neues Konto anzulegen. Gegen die Annahme eines Privatgeschäfts mit St. spreche entscheidend die Erwägung, daß der Kläger diesem persönlich niemals 11 000 RM. anvertraut haben würde. Es komme hinzu, daß er ja auch Abhebungen von dem Konto gemacht, und in einem Falle, nach vorheriger Verständigung des St., das Geld am Schalter der Bank von einem anderen Angestellten in Empfang genommen habe. Die von der Beklagten sonst noch angeführten Umstände, welche für den Charakter des Geschäfts als Privatgeschäft sprechen sollten, seien belanglos.

Die Ausführungen der Beklagten darüber, daß sie bei der Abmachung über die Begründung des neuen Kontos nicht ordnungsgemäß vertreten gewesen sei, seien unzutreffend. Es handele sich um einen gewöhnlichen Vorgang des Bankverkehrs.

Ebensowenig treffe es zu, daß der Vertrag wegen Sittenwidrigkeit nichtig sei.

Jedenfalls hafte die Beklagte nach den Vorschriften über ungerechtfertigte Bereicherung.

Das Landgericht hat der Klage entsprochen.

Auf die Berufung der Beklagten hat das Oberlandesgericht, nachdem es den Kläger persönlich gehört hatte, die Klage abgewiesen.

Gegen diese Entscheidung hat der Kläger Revision eingelegt.

Das Reichsgericht hat jedoch die Revision des Klägers zurückgewiesen, und zwar mit folgender Begründung:

Das Berufungsgericht hat in eingehenden Darlegungen ausgeführt, daß die Anlegung des Geldes auf dem in dem blauen Sparbuch beurkundeten Konto nicht ein Geschäft zwischen dem Kläger und Direktor St. darstelle, sondern einen Vertrag zwischen dem Kläger und der beklagten Genossenschaftsbank, vertreten durch St. Auf diese Darlegungen, die im Ergebnis zugunsten des Klägers lauten, und die daher von der Revision nicht angegriffen worden sind, braucht nicht näher eingegangen zu werden; sie lassen übrigens auch keinen Rechtsirrtum erkennen.

Das Berufungsgericht hat weiterhin zugunsten des Klägers unterstellt, daß die Vertretung der Beklagten beim Vertragsschluß eine ordnungsgemäße gewesen sei, ist aber der Ansicht, daß das Geschäft wegen Verstoßes gegen die guten Sitten nichtig gewesen sei. Hiergegen wendet sich die Revision, aber zu Unrecht. *Nach der ständigen Rechtsprechung des Reichsgerichts ist zur Erfüllung des Tatbestandes des § 138 Abs. 1 BGB. erforderlich, daß das Rechtsgeschäft sich nach seinem aus Inhalt, Beweggrund und Zweck erhellenden Gesamtcharakter als sittenwidrig darstellt; die Sittenwidrigkeit setzt sich aus subjektiven und objektiven Momenten zusammen.*

RGRK. Anm. 1 Abs. 2 zu § 138 BGB. und dort angeführte Entscheidungen.

Unbedenklich ist davon auszugehen, daß die Steuerhinterziehung etwas ist, was dem herrschenden Volksbewußtsein, namentlich in jetziger Zeit, also dem Anstandsgefühl aller billig und gerecht Denkenden, zuwiderläuft. Nach der Feststellung des Berufungsgerichts hat sich der Kläger auf die Vorschläge des St. über die Kontoanlegung eingelassen, weil ihm darum zu tun war, sein Vermögen mindestens zum Teil der Versteuerung zu entziehen; es sollte ein besonderer Vermögensstock gebildet werden, der für die Zukunft jeder weiteren Besteuerung entzogen war. St. kannte nicht nur, wie die Gründe des Berufungsgerichts ergeben, Beweggrund und Zweck, sondern erklärte sich auch bereit, namens der Bank zur Erreichung des Zweckes mitzuwirken; denn er hat darauf hingewiesen, daß es sich um eine Geldanlage handele, welche der Steuerbehörde verborgen bleibe, über welche also auch die Bank der Behörde keine Auskunft geben werde. Der Zweck des Geschäfts kam, wie das Berufungsgericht ausdrücklich ausspricht, auch in seinem objektiven Inhalt zum Ausdruck. Es wurde unter Formen vollzogen, welche im regelmäßigen Bankverkehr niemals vorkommen und es unmöglich machen sollten, daß die Steuerbehörde der Vermögensanlage auf die Spur komme. Hieraus ergibt sich, daß die Meinung der Revision, die Steuerhinterziehung sei aus dem Rahmen der „Gedankensünde" nicht herausgetreten, irrig ist. Es trifft allerdings zu, daß die Errichtung des neuen Kontos noch keine Steuerhinterziehung und wohl auch nicht einmal den Versuch zu einer solchen bedeutete, und daß es dem Kläger immer noch freistand, das auf dem blauen Buch hinterlegte Vermögen bei einer künftigen Steuererklärung der Behörde anzugeben. Das ist aber für die Frage der Unsittlichkeit des Geschäftes ohne Belang. Insoweit genügt es, daß der Vertrag nach Zweck und Inhalt bestimmt war, eine zukünftige Steuerhinterziehung zu erleichtern, indem die Gefahr der Entdeckung durch die Behörde beseitigt oder vermindert wurde.

Nach alledem ist es vom rechtlichen Standpunkt aus nicht zu beanstanden, wenn der Vorderrichter zu dem Ergebnis gekommen ist, daß der Vertrag über die Begründung des neuen Kontos im blauen Buch wegen Verstoßes gegen die guten Sitten nichtig gewesen ist. Unerheblich ist es, daß der Kläger nebenbei auch noch eine gewinnbringende Anlegung seines Geldes im Auge gehabt hat. Wesentlich ist der Hauptzweck des Geschäftes, und dieser bestand eben in der Schaffung erleichterter Möglichkeiten für eine Steuerhinterziehung.

Das Oberlandesgericht hat weiterhin die Haftung der Beklagten, die nach obigem auf Vertrag nicht gestützt werden kann, auch insoweit verneint, als sie auf die Grundsätze über die ungerechtfertigte Bereicherung gegründet worden ist. Dem ist im Ergebnis beizutreten, wenngleich die Begründung in einzelnen Punkten von Rechtsirrtum nicht frei ist. Zutreffend geht das angefochtene Urteil davon aus, daß der Kläger beweisen müsse, daß das Vermögen der Beklagten eine Vermehrung erfahren habe, daß also bei ihr eine Bereicherung eingetreten sei. Mit Unrecht nimmt es aber an, daß hierfür Voraussetzung sei, daß sie tatsächlich in den Besitz des Geldes gelangt sei, daß dieses in ihre Kasse geflossen sei. Für den Eintritt der Bereicherung in der Person des Beklagten genügt es, daß die Leistung, d. h. die Eigentumsübertragung an dem Gelde, nach dem Willen der an diesem Akte beteiligten Personen vom Kläger an die Beklagte erfolgen sollte, und daß St. befugt war, diese Übereignung für die Beklagte entgegenzunehmen.

RG. 79/287.

Diese Voraussetzungen waren nach dem festgestellten oder unterstellten Sachverhalt jedenfalls gegeben. Wenn das Berufungsgericht auf Grund der ganzen Machenschaften des St. und seines Selbstmords als erwiesen ansieht, daß St. die vom Kläger erhaltenen Gelder nicht der Kasse der Beklagten ausgefolgt, sondern für sich verbraucht hat, so folgt daraus nicht, daß die Bereicherung der Beklagten nicht eingetreten ist, sondern daß sie wieder in Wegfall gekommen ist.

§ 818 Abs. 3 BGB., vgl. RG. 65/298; JW. 1908/403 Nr. 4.

Diese Feststellung würde allerdings an sich, trotz des grundsätzlich falschen Rechtsstandpunktes, genügen, um den Anspruch aus ungerechtfertigter Bereicherung zu Fall zu bringen. Ihre Tragweite wird aber dadurch wieder in Zweifel gestellt, daß das Oberlandesgericht an anderer Stelle ausdrücklich sagt: „Den Wegfall der Bereicherung hätte die Beklagte zu beweisen, was nicht geschehen ist." Es kommt aber hierauf letzten Endes nicht entscheidend an. Der Vorderrichter hat ergänzend noch ausgeführt, daß dem Bereicherungsanspruch jedenfalls der § 817 Satz 2 BGB. entgegenstehe; weil dem Kläger selbst ein Verstoß gegen die guten Sitten zur Last falle, sei ein Rückforderungsanspruch ausgeschlossen. Dem ist beizutreten. Mit dem Vorderrichter muß anerkannt werden, daß die Voraussetzungen des § 817 S. 2 BGB. gegeben sind und daß keiner der in der Rechtsprechung anerkannten Ausnahmefälle vorliegt. Ein Darlehn, wie es hier vorliegt, kann nicht als eine Leistung betrachtet werden, welche nicht dazu bestimmt ist, das Vermögen des Empfängers dauernd zu vermehren, sondern nur, einen vorübergehenden Zweck zu erfüllen. Zutreffend hat sich das angefochtene Urteil hierfür auf

RG. 70/4 und RG. in Leipz. Zeitschr. 1922 S. 461

bezogen.

3. Abschnitt.

Zur Sittenwidrigkeit von Knebelungsverträgen.

Die vielfältigen Erschütterungen der Kriegs- und Nachkriegszeit führten besonders in Deutschland zu einer — allerdings nicht immer völlig unverschuldeten — Illiquidität zahlreicher Unternehmungen. Dadurch wurden oft auch deren Gläubiger in Mitleidenschaft gezogen, zu denen aus naheliegenden Gründen gerade die Banken und andere Kreditinstitute gehörten. Das durch häufige schlechte Erfahrungen solcher Art immer tiefer sinkende Vertrauen in die Zahlungsfähigkeit und -willigkeit der Schuldner mußte deshalb bei den Gläubigern ein stets stärker werdendes Bestreben nach zusätzlichen Sicherheiten für ihre Kredit- und sonstigen Forderungen auslösen. Wie es in einem bis dahin noch nicht dagewesenen Maße üblich wurde, daß sich beispielsweise der Verkäufer das Eigentum an der verkauften Ware bis zur restlosen Bezahlung des Kaufpreises vorbehielt, so drängten auch andere Gläubiger, insbesondere Darlehnsgläubiger, auf eine ausreichende Sicherstellung für ihre Forderungen. Als das gebräuchlichste Mittel zu diesem Zweck wurden die Sicherungsübereignung von Sachen und die Sicherungsabtretung von Forderungen gewählt.

Auf die rechtlichen Grundlagen solcher Sicherungsverträge kann im einzelnen hier nicht eingegangen werden. Dem Gläubiger werden jedenfalls dadurch, ohne daß — im Gegensatz zur Verpfändung (§§ 1205; 1274, 398 BGB.) — die Rechtsänderung nach außen hin in Erscheinung zu treten braucht, zur Sicherheit für seine Forderung Sachen des Schuldners übereignet (§ 930 BGB.) oder Forderungen abgetreten (§ 398 BGB.), aus deren Erlös er sich bei Nichterfüllung seiner Ansprüche befriedigen kann.

Gerade der Mangel äußerer Erkennbarkeit bei solchen Sicherungsverträgen, an der der Schuldner zur — mitunter nur scheinbaren — Erhaltung seiner Kreditfähigkeit oft am meisten interessiert ist, muß eine bedenkliche Unsicherheit zur Folge haben. Denn außenstehende Dritte können vielfach gar nicht beurteilen, über welche Vermögensstücke ein Schuldner noch verfügungsberechtigt ist, und an welchen schon Rechte anderer bestehen. Die sichere Beurteilung dieser Frage ist aber für die Kreditwürdigkeit eines Unternehmens wieder von entscheidender Bedeutung. Dabei soll noch ganz davon abgesehen werden, daß unehrliche Schuldner praktisch durchaus oft die Möglichkeit haben, dieselben Gegenstände mehrmals auf verschiedene Gläubiger zur Sicherheit zu übertragen, ohne daß der eine Gläubiger von den Rechten des anderen Kenntnis erhält, und ohne daß der Erlös dieser Gegenstände sämtliche zugrunde liegenden Verbindlichkeiten des Schuldners decken könnte.

Es ist aber auch denkbar, daß der „Kredithunger" des Schuldners oder das Sicherheitsverlangen des Gläubigers an die Grenze der dem Schuldner zur Verfügung stehenden freien wirtschaftlichen Mittel heranreichen oder diese Grenze sogar überschreiten. Die Folge davon ist, daß der Schuldner wohl den gewünschten Kredit und der Gläubiger die verlangte Sicherheit erhält, daß dem Schuldner aber kein freies Vermögen mehr verbleibt, dieser also in eine mehr oder weniger starke wirtschaftliche Abhängigkeit von seinem Gläubiger gerät. Darin braucht nicht unbedingt etwas Ungesundes oder gar eine Unlauterkeit seitens der Vertragsparteien zu liegen. Es kann aber dadurch leicht — und zwar gerade wegen der mangelnden äußeren Erkennbarkeit solcher Rechtsgeschäfte — für außenstehende Dritte ein völlig falsches

Bild über die wirkliche Sach- und Rechtslage beim Schuldner entstehen. Denn alles, was diese Dritten in einem solchen Falle für das freie Eigentum des Schuldners halten können, ist tatsächlich schon einem Gläubiger zur Sicherheit übertragen worden. Dieser Gläubiger aber wird vermöge seiner dadurch das ganze Unternehmen des Schuldners beherrschenden Stellung regelmäßig auf den Schuldner einen Einfluß ausüben, der in erster Linie seine, des Gläubigers, eigenen Belange berücksichtigt. Eine weitere Kreditgewährung an den Schuldner seitens Dritter im Vertrauen auf dessen scheinbar unabhängige und günstige Lage ist daher mit der Gefahr einer plötzlichen Deckungslosigkeit und daraus folgender Verluste verknüpft, nämlich dann, wenn der bevorrechtigte Gläubiger von den ihm eingeräumten Rechten Gebrauch macht.

Solche die wirtschaftliche Selbständigkeit des Schuldners zugunsten eines einzelnen Gläubigers „knebelnden" Sicherungsverträge werden deshalb von der Rechtsprechung entschieden bekämpft, sofern die Voraussetzungen der sittenwidrigen Gläubigergefährdung vorliegen. Hierzu gehört objektiv die wirtschaftliche Knebelung des Schuldners sowie eine sich daraus ergebende Gefährdung anderer Gläubiger in der Sicherheit ihrer Forderungen; subjektiv: das Bewußtsein des knebelnden Gläubigers, daß durch die Knebelung andere Gläubiger gefährdet werden können; eine darauf gerichtete Absicht des ersten Gläubigers ist nicht erforderlich. Liegen diese Voraussetzungen vor, so ist nicht nur der zwischen dem Gläubiger und dem Schuldner geschlossene Knebelungsvertrag sittenwidrig und nichtig (§ 138 Abs. 1 BGB.), sondern der Gläubiger macht sich auch den geschädigten anderen Gläubigern gegenüber schadenersatzpflichtig (§§ 823, 826 BGB.). Rechtlich ist daher zu unterscheiden zwischen der Knebelung des Schuldners, also dem Verhältnis zwischen Schuldner und Gläubiger (§ 138 BGB.), und andererseits der Kreditgefährdung anderer Gläubiger, d. h. dem Verhältnis dieser Gläubiger zu dem knebelnden Gläubiger (§§ 823, 826 BGB.).

In der Praxis lassen sich aber die Voraussetzungen eines sittenwidrigen Knebelungsvertrages durchaus nicht so leicht feststellen, wie es nach der obigen Darstellung erscheinen mag. Zunächst ist es keineswegs als sittenwidrig zu beanstanden, wenn sich ein Gläubiger für den von ihm gewährten Kredit hinreichende Sicherheit bestellen läßt. Die Grenze, wo dabei eine Knebelung des Schuldners beginnt, wird sich aber auch rückblickend vom Richter aus oft nur schwierig feststellen lassen; sie wird nicht selten für den Gläubiger selbst bei Abschluß des Sicherungsvertrages noch schwerer erkennbar sein. Denn der Vermögensbestand beim Schuldner wird nach Umfang und Wert durch Ab- und Zugänge häufig beträchtlich schwanken. Dadurch können z. B. freie Werte fortfallen, die beim Abschluß des Sicherungsvertrages noch vorhanden waren, so daß bisher gesicherte Forderungen anderer Gläubiger in ihrer Bonität gefährdet werden. Umgekehrt können zu dem Vermögen des Schuldners neue Gegenstände hinzutreten, die von einem ursprünglichen Knebelungsvertrag nicht erfaßt werden, und die diesem Vertrag daher dann objektiv einen solchen Charakter nehmen.

Sind somit schon die äußeren Merkmale oft nur unsicher zu erkennen, so gilt dies noch mehr von den subjektiven: Mußte dem Gläubiger im Einzelfall bekannt sein, daß die ihm gegebenen Sicherheiten im wesentlichen sämtliche Vermögenswerte des Schuldners darstellten? Mußte er damit rechnen, daß auch Forderungen anderer Gläubiger bestanden oder entstehen könnten, deren Sicherung durch seine eigenen Maßnahmen gefährdet wurden? Diese Fragen, die hier keineswegs erschöpfend aufgezählt sind, können nur nach sorgfältiger Prüfung aller Umstände des Einzelfalls zutreffend beantwortet werden. Bei den nachstehend wiedergegebenen Entscheidungen handelt es sich daher, wie hier nochmals betont werden soll, lediglich um Beispiele, aus denen die Beurteilung des besonderen Falles, nicht aber irgendein Schema zu erkennen ist.

Nr. 21. §§ 138, 306 BGB.

Ein Kreditgeber verstößt gegen die guten Sitten, wenn er sich alle oder nahezu alle Vermögenswerte seines Schuldners zur Sicherheit übertragen läßt, so daß diesem nur noch der Schein wirtschaftlicher Selbständigkeit verbleibt.

RG. VI. 2. Dezember 1935. BA. 35/261.

Vorbemerkung.

In dieser Entscheidung faßt der VI. Zivilsenat nochmals unter Hinweis auf die ständige Rechtsprechung des Reichsgerichts die Merkmale eines sittenwidrigen Knebelungsvertrages zusammen. Sämtliche Merkmale, insbesondere die objektiven, ließen sich im vorliegenden Falle einwandfrei feststellen. Bemerkenswert ist allerdings, daß das Reichsgericht in subjektiver Hinsicht das Bewußtsein einer Knebelung nach Lage der Sache, also schon nach dem objektiven Tatbestand, und aus der allgemeinen Lebenserfahrung heraus unterstellt, ohne daß es eines unmittelbaren Nachweises in dieser Richtung bedurfte. Der Gläubigerin hätte es daher gegenüber dieser Vermutung obgelegen, sich von dem — bereits nach dem objektiven Sachverhalt vorliegenden — Verdacht einer bewußten Knebelung und Gläubigergefährdung zu entlasten. Praktisch ergibt sich daraus hinsichtlich des subjektiven Tatbestands eine Umkehrung der Beweislast: Sprechen bereits die äußeren Umstände eindeutig für das Vorliegen eines sittenwidrigen Knebelungsvertrages, so kann auch ein dahingehendes Bewußtsein des Gläubigers vermutet werden; den Gegenbeweis hat insoweit der Gläubiger zu führen.

Ein Vertrag, durch den der Schuldner einem Gläubiger die Vermögenswerte seiner Firma einschließlich der künftigen Warenbestände und künftigen Forderungen überträgt, ist aber nicht unter allen Umständen sittenwidrig. Das muß insbesondere dann gelten, wenn der Sicherungsnehmer durch einen solchen Vertrag mit dem Schuldner nicht bewußt auf eine Gefährdung anderer — gegenwärtiger oder zukünftiger — Gläubiger abgezielt hat. So lag der Sachverhalt in der Entscheidung des IX. Zivilsenats vom 15. April 1931 — BA. 31/355 —. Es handelte sich zwar hier um die Klage eines anderen Gläubigers gegen den Sicherungsnehmer wegen Kreditgefährdung, also um einen Fall des § 826 BGB. Trotzdem war für die Entscheidung in erster Linie das Verhältnis des Sicherungsnehmers zum Schuldner maßgebend (vgl. oben S. 120).

Die Schuldnerin hatte dem Beklagten für die Gewährung eines Kredits von 20000 RM. beträchtliche Sicherheiten eingeräumt. Später gab auch die Klägerin der Schuldnerin einen weiteren Kredit von 10000 RM., obwohl die Schuldnerin nach den von der Klägerin eingeholten Auskünften allenfalls in Höhe von 5000 RM. kreditwürdig sein sollte.

Das Reichsgericht verneinte eine bewußte Gefährdung anderer Gläubiger durch den Beklagten. Er habe die Schuldnerin mit Hilfe des von ihm gewährten Kredits von 20000 RM. für existenzfähig gehalten, sonst hätte er ihr einen solchen Kredit nicht gegeben. Daß er sich auch selbst über die wirklichen Verhältnisse bei der Schuldnerin getäuscht habe, ergebe sich vor allem daraus, daß er ebenfalls einen Verlust von rund 14000 RM. erlitten habe. Eine Absicht des Beklagten, der Schuldnerin auf Kosten anderer Gläubiger aufzuhelfen, sei daher nicht anzunehmen.

In einem anderen Falle — Urteil des Oberlandesgerichts Celle vom 17. Mai 1933, HRR. 1933 Nr. 1845 = BA. 33/149 — hatte der Beklagte St. zusammen mit dem früheren Mitbeklagten G. das ganze Vermögen der Schuldnerin, jeder etwa zur Hälfte, als Sicherheit an sich gebracht. Es war aber auch hier nicht erwiesen, daß beide dies in bewußtem und gewolltem Zusammenwirken getan hatten, und daß insbesondere der Beklagte St. durch seine Handlungsweise die gänzliche Kreditunwüdrigkeit und wirtschaftliche Unselbständigkeit der Schuldnerin herbeigeführt und dadurch andere Gläubiger vorsätzlich und sittenwidrig geschädigt hatte. Denn wenn, wie hier, so heißt es in der Begründung, mehrere Gläubiger ohne ein Zusammenwirken sich zwar das ganze Vermögen der Schuldnerin übereignen lassen, aber jeder nur zu einem Bruchteil und alle unabhängig voneinander, so liege eine Knebelung nicht vor. Freilich hätten St. und G. auch, nachdem sie später erfuhren, daß sie, zwar unabhängig voneinander, aber doch tatsächlich, das ganze Vermögen der Schuldnerin an sich gebracht hätten, die so wirtschaftlich ausgehöhlte Firma weiterbestehen lassen und hierdurch erst die Klägerin veranlaßt, ihr ungedeckten Kredit zu geben. Das allein könne jedoch eine Ersatzpflicht des Beklagten der Klägerin gegenüber nicht begründen. Denn niemand sei verpflichtet, im Interesse möglicher neuer Kreditgeber seine in rechtlich einwandfreier Weise erworbenen Sicherungen später kundzutun oder gar preiszugeben, wenn auch noch ein anderer Gläubiger unabhängig von ihm zugreife und durch weitere Sicherungsmaßnahmen tatsächlich die wirtschaftliche Selbständigkeit beseitige. Deshalb könne auch hier in dem Verhalten des Beklagten St. kein Sittenverstoß angenommen werden.

In der Entscheidung vom 15. November 1930 — BA. 30/394 — verneinte der IX. Zivilsenat des Reichsgerichts ebenfalls das Vorliegen einer bewußten Gläubigergefährdung. Die Klägerin, eine Großbank, hatte der Schuldnerin einen Sanierungskredit gewährt und sich zur Sicherheit hierfür durch die Verträge vom 30. Juli und 17. August 1925 deren Warenlager übereignen lassen. Die Schuldnerin fiel im März 1926 in Konkurs. Der Konkursverwalter veräußerte einen Teil des Lagers und hinterlegte den Erlös. Er verweigerte die Auszahlung an die Klägerin, weil die Sicherungsübereignung als Knebelungsvertrag nichtig sei.

Eine bewußte Knebelung seitens der Klägerin, so führte das Reichsgericht aus, könne nur nach einer Prüfung sämtlicher Umstände angenommen werden. Insbesondere seien die Verbindlichkeiten der Schuldnerin und ihr freies Vermögen nach dem Stande vom 17. August 1925 einander gegenüberzustellen. Auch müsse der Klägerin bekannt gewesen sein, daß demnach im Hinblick auf die ihr eingeräumten Sicherheiten eine hinreichende Sicherung für andere Gläubiger nicht mehr vorhanden sein würde. Bei der Bewertung der freien Vermögensgegenstände habe die Klägerin die bei einer ruhigen Abwicklung der Geschäfte üblichen Preise, nicht etwa nur den voraussichtlichen Erlös bei einer Zwangsversteigerung zugrunde legen können. Denn sie habe der Schuldnerin einen Kredit zur Sanierung gewährt, sie habe also davon ausgehen können, daß das Unternehmen sich günstig entwickeln werde.

Wenn die Klägerin hier zwei rechtsgültige Sicherungsverträge abgeschlossen habe, so werde deren Nichtigkeit später nicht dadurch begründet, daß sowohl die Klägerin wie auch andere Gläubiger in der Folgezeit mit der Schuldnerin noch weitere Sicherungsverträge abschlossen, die mit den ersten zusammen eine Knebelung darstellten. Schließlich handele die Klägerin nicht arglistig, wenn sie ihre Rechte aus diesen Verträgen geltend mache. Insbesondere könne sich der Beklagte als Konkursverwalter nicht auf § 826 BGB. berufen, da die vom Konkurs betroffenen anderen Gläubiger insoweit ihre Rechte selbst wahrzunehmen hätten.

Der VII. Zivilsenat des Reichsgerichts nahm in seinem Urteil vom 21. November 1930 — BA. 30/168 — ebenfalls keinen sittenwidrigen Knebelungsvertrag an. Die Kläger hatten sich hier alle Sachwerte und Außenstände der Schuldnerin übereignen lassen mit Ausnahme der geringen flüssigen Mittel. Die Schuldnerin hatte sich auch verpflichtet, ihre Geschäfte nur noch für Rechnung der Kläger zu führen; sie war demnach auf die Stellung einer Kommissionärin beschränkt.

Auch das Reichsgericht stellte in diesen Merkmalen eine erhebliche Einbuße an Selbständigkeit auf seiten der Schuldnerin fest. Andererseits sei sie aber in ihrer Geschäftsführung nicht beschränkt worden, die Kläger hätten außerdem noch für eine erhebliche Stärkung der Barmittel Sorge getragen und damit auch der Schuldnerin eine größere Bewegungsfreiheit auf geschäftlichem Gebiet gewährt. Die ausbedungene Sicherung sei nach den gesamten Umständen, insbesondere nach der Art der übereigneten Gegenstände, nicht unangemessen hoch gewesen; sie habe bilanzmäßig die Einlage der Kläger nur um etwa 50% überstiegen.

Eine Kredittäuschung gegenüber anderen Gläubigern liege ebenfalls nicht vor. Die Kläger hätten das Unternehmen der Schuldnerin für durchaus gesund gehalten, insbesondere im Hinblick auf die gewährte Geschäftseinlage von 20000 RM. Schließlich seien sie auch selbst durch eine unrichtige Bilanz getäuscht worden; mit einer möglichen Schädigung zukünftiger Gläubiger hätten sie daher nicht gerechnet.

RG. VI. 2. Dezember 1935. BA. 35/261.

Die Klägerin klagt im Urkundenprozeß aus einer selbstschuldnerischen Bürgschaft, welche die Beklagte für den Holzhändler A. Sch. in D. übernommen hat. Dieser genoß bei der Klägerin Kredit und hatte ihr dafür durch eine Reihe von Verträgen dingliche Sicherheiten gewährt, namentlich hatte er ihr Holzbestände, die er in unmittelbarem Besitz behielt, zur Sicherheit übereignet. Mit Rundschreiben vom 3. November 1931 war er an seine übrigen

Gläubiger herangetreten und hatte sie um Nachlaß von 70 v. H. ihrer Forderungen ersucht. Er versprach in dem Vergleichsvorschlag gleichmäßige Befriedigung und bemerkte, daß kein freier Massebestand mehr vorhanden sei, da seine Bankverbindung — die Klägerin — sich in der üblichen Weise durch Grundschulden, Eigentumsübertragung der Bestände und Zession der Außenstände gesichert habe.

Mit Vertrag vom 13. Februar 1932 verkaufte die Klägerin Holzbestände und Anlagen, die ihr von Sch zur Sicherheit übereignet waren, an ihn für 30 000 RM. Hiervon sollten 27 000 RM. bis zum 31. Dezember 1933, die übrigen 3000 RM. bis zum 31. Dezember 1934 gezahlt werden. In dem Vertrage übernahm die Beklagte für die Vertragspflichten des Sch. die selbstschuldnerische Bürgschaft. Da er nur 7658,38 RM. an die Klägerin zahlte, so nahm sie die Beklagte als Bürgin zunächst auf 19 341,62 RM. nebst Zinsen, im zweiten Rechtszuge weiterhin auf 3000 RM. nebst Zinsen in Anspruch.

Die Beklagte wandte ein, die Klägerin habe sich von Sch. übermäßige Sicherungen geben lassen, so daß dieser überhaupt keine Vermögenswerte mehr behalten habe, die Übereignungen verstießen gegen die guten Sitten und seien nichtig. Sch. habe im Vertrage vom 13. Februar 1932 seine eigenen Sachen gekauft, der Kauf und mit ihm die Bürgschaft seien ebenfalls nichtig.

Die Klägerin stellte die Übermäßigkeit der ihr eingeräumten Sicherungen in Abrede, da sie Sch. aus schwerer Bedrängnis geholfen habe, in die er durch die Kommanditgesellschaft Dr. B. & Co., die Vorgängerin der Beklagten geraten sei, ihm 50 000 RM. zur Befriedigung von Gläubigern gegeben, übrigens auch freies Vermögen belassen habe.

Beide Vorinstanzen haben die Klage abgewiesen. Mit der Revision verfolgt die Klägerin ihren Berufungsantrag weiter. Die Beklagte war trotz ordnungsmäßiger Bekanntgabe des Termins nicht vertreten. Die Klägerin hat beantragt, ein Versäumnisurteil zu erlassen.

Das Berufungsgericht nimmt an, daß die Klägerin durch das Übermaß von Sicherungen, das sie sich von Sch. habe einräumen lassen, ihm allmählich sein Vermögen ganz oder doch fast ganz entzogen, dadurch andere Gläubiger geschädigt und gegen die guten Sitten verstoßen habe. Im einzelnen stellt es folgende Sicherungsmaßnahmen fest:

1. Vertrag vom 8. März 1927:

   Die Betriebseinrichtung auf dem Holzplatz wird übereignet, ebenso der dort lagernde Holzbestand im Wert von etwa 25 000 RM.; die Verarbeitung bleibt gestattet, Auffüllung wird aber zur Pflicht gemacht.

2. Abtretung einer Eigentümergrundschuld von 15 000 RM. am 5. August 1927, später Abtretung der vorgehenden Grundschuld von 17 500 RM.
3. Neufestsetzung des Holzbestandes zu 1. durch Vertrag von 31. Mai 1930 mit einem Wert von etwa 30 000 RM.
4. Vertrag vom 16. September 1930:

   Übereignung von Waren unter Aufrechterhaltung der Verträge 1 und 3; die Klägerin kann die übereigneten Waren verwerten, wenn Sch. seinen Verpflichtungen nicht nachkommt; Forderungen an die Kundschaft müssen monatlich abgetreten werden; die Schuldner werden von der Abtretung vorläufig nicht benachrichtigt (stille Zession).
5. Vertrag vom 14. Februar 1931:

   Der Holzbestand in B. und im Wald der Oberförsterei O. im Wert von etwa 20 000 RM. nebst Ersatz wird übereignet, der Verkaufserlös im voraus abgetreten.
6. Vertrag vom 8. Mai 1931:

   Der Bestand an Eichenrundholz auf der rechten Seite des Sägewerks in D. im Werte von 10 000 bis 12 000 RM. wird übereignet.

Dabei unterstellt das Berufungsgericht, daß die Klägerin den Kredit gewährt hat, um den Betrieb des Sch. aufrechtzuerhalten. Es stellt auch fest, daß seine Schuld bei der Klägerin am 30. März 1930 bereits auf 58 436 RM. angewachsen war, später weiter gestiegen ist, und es unterstellt nach ihrem Vortrage, daß die Sicherungen zur Deckung ihrer Forderung nicht ausreichten. Andererseits stellt es fest, daß das Vermögen des Sch. von 117 125 RM. am 31. Dezember 1929 auf 13 333 RM. am 1. Januar 1931 zusammengeschmolzen war, und nimmt an, daß auch dieser Buchwert sich bei einem Zusammenbruch nicht hätte erzielen lassen. Die Bestätigung dafür findet es in der Vermögensaufstellung vom 23. Oktober 1931, die dem Rundschreiben vom 3. November 1931 zugrunde gelegen hat, wonach für andere Gläubiger als die Klägerin überhaupt keine greifbaren Werte mehr vorhanden waren. Die Behauptung der Klägerin, daß noch freie Außenstände im Betrage von 3 396,24 RM. und ein freier Holzbestand im Werte von 3000 RM. vorhanden gewesen seien, bezeichnet es als unrichtig, aber auch als unerheblich, weil ungesicherte Forderungen in Höhe von 43 680 RM. bestanden hätten.

Nach alledem nimmt es an, daß spätestens der Vertrag vom 14. Februar 1931 gegen die guten Sitten verstoßen habe und die darin vorgenommene Übereignung nach § 138 BGB. nichtig gewesen, Sch. also Eigentümer des darin genannten Holzbestandes geblieben sei. Da nun der Vertrag vom 13. Februar 1932 auch diesen Bestand umfaßt habe, Sch. aber seine eigenen Sachen nach § 306

BGB. nicht gültig habe kaufen können, so sieht das Berufungsgericht nach § 139 BGB. den ganzen Kauf und, wegen der Nichtigkeit der Hauptschuld, auch die Bürgschaft als nichtig an.

Diese Erwägungen lassen keinen Rechtsverstoß erkennen und werden von der Revision vergeblich angegriffen. Es entspricht der ständigen Rechtsprechung des Reichsgerichts, daß es gegen die guten Sitten verstößt, wenn ein Kreditgeber sich zu seiner Sicherung alle oder nahezu alle Vermögenswerte seines Schuldners übertragen läßt, so daß diesem nur noch der Schein wirtschaftlicher Selbständigkeit verbleibt und andere dadurch zu Krediteinräumungen veranlaßt werden, ohne sich der darin liegenden Gefahr bewußt zu sein.

Vgl. aus neuerer Zeit RG. 130/2; 136/254; 143/51.

Daß diese anderen auch getäuscht werden sollen, wird dabei nicht vorausgesetzt, wie die Revision meint, sofern nur die Gefahr so nahe liegt, daß sie verständigerweise nicht übersehen werden kann.

Vgl. RG. 143/52.

Hier hat das Berufungsgericht alle Voraussetzungen der sittenwidrigen Gläubigergefährdung einwandfrei festgestellt. Daß andere Gläubiger geschädigt worden sind, zeigt der Vergleichsvorschlag vom November 1931, wonach sie sich mit 30 v. H. ihrer Forderungen zufriedengeben sollen. Es mag sein, wie auch das Berufungsgericht für wahrscheinlich hält, daß einige Lieferanten sich durch Eigentumsvorbehalte geschützt hatten, aber nach der getroffenen Feststellung waren zahlreiche Forderungen vorhanden, die von dem Verlust betroffen wurden.

Auch in subjektiver Hinsicht hat das Berufungsgearicht die Voraussetzungen des § 138 BGB. in Anlehnung an die Ausführungen von RG. 143/52 ausreichend festgestellt. Wenn es diese Ausführungen auch nicht ganz wörtlich anführt, so ergibt doch der Zusammenhang, daß es angenommen hat, der Klägerin seien die Verhältnisse des Sch. genügend bekannt gewesen, so daß sie mit einer Gefährdung anderer Gläubiger gerechnet habe, zum mindesten bei Anwendung auch nur der geringsten Sorgfalt habe rechnen müssen. Das Gegenteil würde bei der Kette von Verträgen, die sie mit Sch. geschlossen hat, auch jeder Lebenserfahrung widersprechen. Das Berufungsgericht hat als selbstverständlich angenommen, daß sie sich über den Vermögensstand des Sch. auf dem laufenden gehalten hat. Es ist darum gleichgültig, daß die Aufstellung für den 1. Januar 1931 erst vom 2. März 1931 datiert ist.

Danach ist es nicht zu beanstanden, daß das Berufungsgericht „spätestens" den Vertrag vom 14. Februar 1931 und die darin vorgenommene Sicherungsübereignung, nicht nur den auf Sicherungsübereignung gerichteten schuldrechtlichen Vertrag, für nichtig erachtet hat. Daß es sich hierbei nicht um eine Auswechslung früherer Sicherungen, sondern um eine zusätzliche Sicherung gehandelt hat, konnte das Berufungsgericht ohne Verstoß gegen § 286 ZPO. dem Inhalt des Vertrags und dem Vergleich mit den älteren Verträgen entnehmen; der Vertrag ist ausdrücklich „unter Aufrechterhaltung der früheren Übereignungsverträge" geschlossen worden.

War aber Sch. Eigentümer der im Vertrage vom 14. Februar 1931 genannten Holzbestände geblieben, so hat das Berufungsgericht auch ohne Rechtsirrtum nach § 306 BGB. angenommen, daß er nicht dieselben Bestände der Klägerin rechtswirksam abkaufen konnte, der Kaufvertrag vom 13. Februar 1931 vielmehr insoweit auf eine unmögliche Leistung gerichtet und darum nichtig war. Es mag der Revision zugegeben werden, daß in Ausnahmefällen der Kauf einer eigenen Sache gültig sein kann, so z. B. bei Versteigerung. Hier kam aber kein solcher Ausnahmefall in Frage, und das Berufungsgericht hatte keinen Anlaß, darauf näher einzugehen. Man würde im Gegenteil sogar annehmen müssen, daß hier der Kauf der eigenen Sache nicht nur nach § 306 BGB., sondern auch nach § 138 BGB. nichtig war. Denn verstieß die Übereignung der Sachen zur Sicherheit der Klägerin gegen die guten Sitten, dann erst recht der Rückverkauf, der Sch. das Eigentum bis zur Bezahlung des Kaufpreises von 30 000 RM. vorenthielt.

Es ist auch nicht zu beanstanden, daß das Berufungsgericht nach der Regel des § 139 BGB. den ganzen Kaufvertrag für nichtig erachtet hat. Die Revision beachtet bei ihrer gegenteiligen Meinung nicht, daß die Nichtigkeit nach § 138 BGB. sich auf die im Vertrage vom 8. Mai 1931 übereigneten Sachen erstreckte, die Sch. am 13. Februar 1932 ebenfalls „kaufte", und daß auch die Gültigkeit älterer Übereignungen zweifelhaft war. Nach der Annahme des Berufungsgerichts verstieß *spätestens* der Vertrag vom 14. Februar 1931 gegen die guten Sitten. Bei dieser Sachlage bestand kein Grund, den Kauf vom 13. Februar 1932 als teilweise gültig zu behandeln.

Die Nichtigkeit der Bürgschaft ergibt sich alsdann aus deren Abhängigkeit von der Hauptschuld nach den §§ 765, 767 BGB.

Nr. 22. §§ 826, 932 Abs. 2 BGB.

Die Schädigung anderer Gläubiger durch übermäßige Sicherungsübereignung begründet eine Ersatzpflicht des Sicherungsnehmers nur bei vorsätzlicher Schadenszufügung.

Der Sicherungsnehmer ist bei Waren, die der Sicherungsgeber unter Eigentumsvorbehalt gekauft hatte, zu einer Nachforschung dieserhalb nur bei erheblichen Verdachtsmomenten auf den ersten Anschein verpflichtet.

RG. VII. 4. Oktober 1932. BA. 33/30.

Vorbemerkung.

Die vorliegende Entscheidung des VII. Zivilsenats hebt ausdrücklich den Unterschied hervor zwischen der Knebelung eines Schuldners einerseits und der Kreditgefährdung bei dritten Gläubigern dieses Schuldners andererseits (vgl. oben S. 120). Da es sich hier um eine Schadensersatzklage geschädigter Gläubiger gegen einen „knebelnden" Sicherungsnehmer handelt, so steht die zweite Frage, die der Kreditgefährdung, im Vordergrund der Erörterungen. Es geht also nicht wie im vorigen Falle (oben S. 121ff.) darum, ob der zwischen Gläubiger und Schuldnerin geschlossene Sicherungsvertrag wegen sittenwidriger Knebelung der Schuldnerin nichtig ist (§ 138 Abs. 1 BGB.), sondern ob sich der Gläubiger dadurch anderen Gläubigern der Schuldnerin gegenüber schadensersatzpflichtig gemacht hat (§826 BGB.), indem er sich von der Schuldnerin so weit reichende Sicherheiten einräumen ließ, daß infolgedessen diese anderen Gläubiger mit ihren Forderungen ausfielen.

Der durch den Sicherungsvertrag zwischen dem beklagten Gläubiger und der Schuldnerin auf seiten der Klägerinnen verursachte Schaden war offenbar unstreitig. Das Reichsgericht unterstellt auch, der Beklagte hätte bei Abschluß dieses Vertrages mit dem Vorhandensein noch anderer Gläubiger rechnen müssen, insoweit also fahrlässig gehandelt. Damit sind jedoch die Voraussetzungen des § 826 BGB. nicht erfüllt. Denn hiernach hätte der Beklagte bei Abschluß des Sicherungsvertrages mit der Schuldnerin vorsätzlich, zumindest aber mit Eventualvorsatz, und zwar gerichtet auf die Schädigung der Klägerinnen, handeln müssen. Einen solchen Vorsatz nimmt das Reichsgericht hier auch nicht für den Fall als erwiesen an, daß dem Beklagten die schlechte Vermögenslage der Schuldnerin bekannt war. Entscheidend hierfür ist, daß der Beklagte die Schuldnerin angewiesen hatte, Kredit ausschließlich bei ihm in Anspruch zu nehmen, und daß er glaubte, die Schuldnerin würde diese Anweisung befolgen und mit seiner Hilfe allein existenzfähig sein. Er brauchte also mit dem Vorhandensein weiterer Gläubiger nicht zu rechnen. Danach kann auch deren bewußte Schädigung nicht angenommen werden.

Der zweite Teil der vorliegenden Entscheidung behandelt eine praktisch ebenfalls sehr bedeutsame Frage, nämlich die Kollision von Sicherungsvereinbarungen verschiedener Gläubiger gegenüber demselben Schuldner. Die Klägerinnen hatten der Schuldnerin auf Kredit und unter Eigentumsvorbehalt Waren geliefert. Die Schuldnerin übereignete später u. a. auch diese Waren an den Beklagten zur Sicherung für dessen Kreditforderungen. Die Frage, wessen Sicherungsrecht hier vorgeht, ob das der Klägerinnen oder das des Beklagten, entscheidet sich danach, ob der Beklagte das Eigentum an den ihm sicherungshalber übereigneten Waren gutgläubig erworben, ob er also insbesondere den Eigentumsvorbehalt der Klägerinnen, ohne grobe Fahrlässigkeit, nicht gekannt hatte (§ 932 Abs. 2 BGB.). Nach dieser Bestimmung muß sich der gute Glaube des Erwerbers auf das Eigentum des Veräußerers, hier also der Schuldnerin, nach § 366 HGB. dagegen nur auf dessen Verfügungsmacht erstrecken. Der erkennende Senat nimmt auch hier den Umständen nach keine grobe Fahrlässigkeit des Beklagten an. Die Üblichkeit des Eigentumsvorbehalts wird für die damalige Zeit (1927) verneint. Das wird aber heute, wie auch schon die Gründe selbst erkennen lassen, nicht mehr gelten können (vgl. im übrigen unten S. 131f.).

Der IX. Zivilsenat des Reichsgerichts entschied durch Urteil vom 24. Mai 1930 — BA. 30/15 — einen Fall, wo die beklagte Bank ihrem Schuldner übermäßigen Kredit in Höhe von rund 800000 RM. gewährt hatte. Zur Sicherheit hierfür ließ sie sich von ihm zwei Depotwechsel über insgesamt rund 255000 RM. geben sowie außer schon vorher eingeräumten Hypotheken noch zwei Eigentümergrundschulden auf den Liegenschaften des Schuldners von je 300000 RM. abtreten; weiterhin wurde ein schriftlicher Sicherungsübereignungsvertrag vom 16. April 1924 abgeschlossen, worin der Schuldner sein gesamtes Warenlager, seine Vorräte und Maschinen nebst Zubehör auf die Beklagte übertrug und ihr ferner alle Forderungen aus dem Erlös dieser Sachen abtrat; die Beklagte sollte zur Mitteilung der Abtretung an die Abnehmer des Schuldners berechtigt sein, von diesem Recht aber ohne zwingenden Grund keinen Gebrauch machen; schließlich wurden der Beklagten weitgehende Kontrollrechte über den Betrieb des Schuldners eingeräumt; dieser verpflichtete sich, ihr Verkaufsauftrag für seine in ihrem Depot liegenden Wertpapiere zu erteilen, sowie alle Postscheckeingänge auf ihr Konto zu überweisen.

Der Klägerin stand aus einer Lieferung an den Schuldner vom 1. Mai 1924 noch eine Kaufpreisforderung von rund 10000 RM. zu, Am 18. Juni 1924 ging der Schuldner in Konkurs. Hieraus konnte die Klägerin nur eine Befriedigung von etwa 10% erlangen. Wegen ihres Ausfalls nahm sie nunmehr die Beklagte in Anspruch. Der Klage wurde in allen drei Instanzen stattgegeben. Das Reichsgericht stellte einen Knebelungsvertrag zwischen der Beklagten und dem

Schuldner fest, da alle wesentlichen Vermögensgegenstände auf die Beklagte übertragen worden seien. Dadurch sei das Unternehmen des Schuldners nach außen als solvent erschienen, während es innerlich schon völlig hohl gewesen sei. Die Beklagte habe auch bei der großen Lebens- und Geschäftserfahrung ihrer Leiter mit der Möglichkeit von Schädigungen anderer Gläubiger rechnen müssen; denn der Schuldner sei zufolge ihrer Maßnahmen auf die Inanspruchnahme von Warenkredit angewiesen gewesen. Das Reichsgericht bejahte schließlich den ursächlichen Zusammenhang zwischen der Handlungsweise der Beklagten und der Schädigung der Klägerin auch für den Fall, daß der mit dem Schuldner geschlossene Sicherungsvertrag wegen Knebelung nichtig sei.

In der Entscheidung vom 11. Oktober 1930 — BA. 30/393 — kam der IX. Zivilsenat des Reichsgerichts ebenfalls zu einer Verurteilung der Sicherungsnehmerin aus § 826 BGB. Hier hatte der Kläger nach einer günstigen Auskunft von der beklagten Bank der Schuldnerin einen Kredit von über 200000 RM. gegeben. Da er in dem späteren Konkurs der Schuldnerin ausgefallen war, nahm er insoweit die Beklagte auf Schadensersatz in Anspruch, weil diese ihm verschwiegen hatte, daß ihr das gesamte Warenlager der Schuldnerin verpfändet war.

Das Reichsgericht hob das klageabweisende Urteil des Berufungsgerichts auf. Selbst wenn der Kläger von der Verpfändung Kenntnis gehabt habe, so sei damit noch nicht seine Kenntnis von dem sittenwidrigen, weil knebelnden Charakter jenes Verpfändungsvertrages festgestellt. Ebensowenig ergebe das Berufungsurteil, ob dem Kläger die sonstige Lage der Schuldnerin damals bekannt gewesen sei. Insoweit sei jedenfalls die Beklagte beweispflichtig, da weder sie noch die Schuldnerin dem Kläger von der Verpfändung Mitteilung gemacht hätten. — Abgesehen davon sei eine Haftung der Beklagten auch noch wegen falscher Auskunft (§ 826 BGB.) begründet (vgl. oben S. 2f.).

Im übrigen kann zu der Frage der Kreditgefährdung (§ 826 BGB.) auf die bereits oben (S. 122ff.) angeführten weiteren Entscheidungen verwiesen werden.

Zur Kollision von Sicherungsmaßnahmen verschiedener Gläubiger (vgl. oben S. 130) behandelte das Oberlandesgericht Hamburg in dem Urteil vom 18. April 1934 — DJZ. 35/123 Nr. 19 = Hanseat. RGZ. 34/495 = BA. 33/393 — folgenden Fall:

Die Klägerin, eine Fabrikantin, hatte an die Firma St. & Co. Ware zum Export geliefert. Nach ihren Lieferungsbedingungen hatte sie sich das Eigentum bis zur Bezahlung des Kaufpreises vorbehalten, sich auch die Kaufpreisforderung gegen den ausländischen Abnehmer abtreten lassen.

St. & Co. standen mit der beklagten Bank seit längerer Zeit in Geschäftsverbindung. Sie übergaben ihr die Verladedokumente mit der Anweisung, diese dem ausländischen Empfänger der Ware gegen

Zahlung des Kaufpreises auszuhändigen. Gleichzeitig bevorschußte die Beklagte St. & Co. diese Kaufpreisforderung gemäß einer früheren Vereinbarung gegen Übereignung der Ware zur Sicherheit.

Später stellten St. & Co. die Zahlungen ein. Der ausländische Abnehmer zahlte ordnungsmäßig an die Beklagte. Die Klägerin verlangte jetzt Zahlung von dieser, weil der Eigentumsvorbehalt des Fabrikanten üblich sei, und weil die Beklagte deshalb bei der Sicherungsübereignung seitens St. & Co. nicht gutgläubig habe handeln können.

Die Klage wurde abgewiesen. In der Begründung führte das Oberlandesgericht aus:

Es seien zwar strenge Anforderungen an die Erkundigungspflicht des Bankiers bei der Lombardierung von Waren eines Kunden zu stellen (RG. 141/130). Ob der Bankier aber die im Verkehr erforderliche Sorgfalt in einem besonders schweren Maße verletzt habe (§ 932 Abs. 2 BGB.), könne nur unter Berücksichtigung aller Umstände des Einzelfalls entschieden werden.

Die Bevorschussung von Warenforderungen durch Banken gegen Sicherungsübereignung der Ware zum Zwecke der Exportfinanzierung sei üblich und bekannt. Dabei komme es häufig zu Kollisionen zwischen dem Eigentumsvorbehalt des Fabrikanten und der Sicherungsübereignung an die finanzierende Bank. Dieser Konflikt sei bereits im Jahre 1929 innerhalb der Spitzenverbände der Industrie und der Banken besprochen und bereinigt worden in der Richtung, daß die Industrie im Interesse des Exports auf den Eigentumsvorbehalt verzichten sollte. Die diesbezüglichen Rundschreiben ihres Verbandes habe die Beklagte auch hier zugrunde gelegt; deshalb habe für sie kein Anlaß zu einem besonderen Verdacht bestanden, der ihre Gutgläubigkeit ausschließe.

In seiner Entscheidung vom 13. August 1935 — BA. 35/114 — hat dagegen der II. Zivilsenat des Reichsgerichts ausgesprochen, daß ein Käufer, insbesondere ein Fabrikant, sich bei dem Bezug von Waren vergewissern müsse, ob der liefernde Einzelhändler über die Ware frei verfügen könne; denn es sei weitgehend üblich, daß Einzelhändler große Warenmengen auf Kredit nur unter Eigentumsvorbehalt und Sicherungsabtretung erhielten. Die Zedenten des Klägers hatten hier an den Schuldner G. laufend größere Mengen von Stühlen auf Kredit unter Eigentumsvorbehalt und Abtretung des Erlöses aus dem Weiterverkauf geliefert. Die Beklagte wiederum, deren Inhaber mit G. befreundet war, hatte von G. solche Stühle bezogen gegen teilweise Verrechnung auf eine größere Forderung, die ihr gegen G. zustand. In dem späteren Konkurs des G. waren die Zedenten zum größten Teil ausgefallen. Die Beklagte wurde daher nunmehr wegen bewußter Vereitelung des Sicherungszwecks im Zusammenwirken mit G. auf Schadensersatz in Anspruch genommen (§§ 823, 826 BGB.). Der Klage wurde aus den obigen Gründen in allen drei Instanzen stattgegeben.

RG. VII. 4. Oktober 1932. BA. 33/30.

Der Beklagte hat der H.=GmbH. Darlehen in beträchtlicher Höhe gegeben. Am 1. April 1927 schloß er mit der H.=GmbH., deren alleiniger Gesellschafter und Geschäftsführer damals J. war, einen Vertrag, durch den er sich zur Sicherung seiner gegenwärtigen Ansprüche aus den bereits gegebenen Darlehen sowie seiner zukünftigen Ansprüche aus etwa später zu gebenden Darlehen Waren der H.=GmbH. übereignen und Außenstände derselben abtreten ließ. Die H.=GmbH., die zunächst auf Grund eines „Leihvertrages" im Besitz der übereigneten Waren blieb, sollte sie verkaufen dürfen, jedoch verpflichtet sein, den Anspruch auf Bezahlung an den Beklagten abzutreten oder andere Waren im gleichen Wert zu übereignen. Die einzelnen Ab= und Zugänge sollten in ein besonderes Buch eingetragen werden; allmonatlich bis zum 3. sollte die H.=GmbH. außerdem dem Beklagten eine Aufstellung der Ab= und Zugänge der übereigneten Waren übermitteln.

Die 24 Klägerinnen, von denen nur noch einzelne in Betracht kommen, haben nach Abschluß des Sicherungsvertrages und ohne Kenntnis desselben unter Kreditierung der Kaufpreise an die H.=GmbH. Waren geliefert, welche diese dem Beklagten auf Grund des Vertrages ebenfalls zur Sicherheit übereignet hat.

Über das Vermögen der H.=GmbH. wurde im November 1927 das Konkursverfahren eröffnet, das mangels Masse eingestellt worden ist. Die Klägerinnen haben geltend gemacht, sie hätten die Waren an die H.=GmbH. unter Eigentumsvorbehalt bis zur Bezahlung des Kaufpreises verkauft. Der Beklagte habe zwar auch ihre Waren auf sein Lager schaffen lassen, sei aber zur Zeit der Inbesitznahme in Ansehung ihres Eigentums nicht in gutem Glauben gewesen. Die Sicherungsübereignung verstoße ferner wegen Kredittäuschung und Knebelung der H.=GmbH. gegen die guten Sitten.

Der Beklagte hat darauf hingewiesen, daß er der H.=GmbH. noch kurz vor ihrem Zusammenbruch neue Gelder gegeben habe.

Das Landgericht hat teilweise verurteilt. Das Oberlandesgericht hat auf die Berufung des Beklagten die Klagen sämtlich abgewiesen. Hiergegen haben einzelne Klägerinnen Revision eingelegt. Die Revisionen mußten erfolglos bleiben.

Der Berufungsrichter verneint, daß J. sich eines Kreditbetruges zum Nachteile der Klägerinnen schuldig gemacht habe, und daß dem Beklagten Hehlerei zur Last falle, weil er seines Vorteils wegen die Waren der Klägerinnen auf Grund des Sicherungsübereignungsvertrages an sich gebracht habe, obwohl er wußte oder den Umständen nach annehmen mußte, daß sie mittels einer strafbaren Handlung erlangt seien. Mit diesen Ausführungen ist zugleich verneint, daß der Beklagte an einem Kreditbetruge des J. teilgenommen habe.

Die weiteren Ausführungen des Berufungsrichters unterscheiden nicht scharf zwischen Knebelung der H.=GmbH. und Kredit=

gefährdung der Gläubiger derselben (RG. 133/234, 239). Sie lassen aber erkennen, daß der Berufungsrichter auch das Vorliegen einer Kreditgefährdung, wenigstens was die subjektive Seite derselben anlangt, nicht für dargetan hält. Es trifft nicht zu, daß der Berufungsrichter das Gutachten des B. übersehen hat. Was die Weisungen anlangt, von denen auf Seite 16 des Urteils die Rede ist, so ist damit das Verlangen des Beklagten gemeint, J. solle nur bei ihm Kredit in Anspruch nehmen und nur so viel Waren kaufen, als er mit dem Gelde, das er von ihm bekäme, bezahlen könne. Dieses Verlangen des Beklagten bedeutet aber keine unsittliche Knebelung des J., sondern war nach der Sachlage nur eine verständige Maßnahme, der J. hätte folgen sollen.

Zur Frage, ob die Voraussetzungen des § 826 BGB. — Kreditgefährdung — vorliegen, macht die Revision dem Berufungsgericht den Vorwurf, es habe bei seiner Ausführung, die Klägerinnen hätten die Kreditwürdigkeit der H.-GmbH. selbst nicht erheblich eingeschätzt, da sie ja einen Eigentumsvorbehalt vereinbart hätten, verkannt, daß dieser Eigentumsvorbehalt auf Grund allgemeiner Bedingungen vereinbart gewesen sei, nicht also singulär gegenüber der H.-GmbH., und daß deshalb die Vereinbarung des Eigentumsvorbehalts mit der Einschätzung der Kreditwürdigkeit der H.-GmbH. nichts zu tun habe. Die Revision übersieht jedoch, daß die bezüglichen Ausführungen des Berufungsrichters den Klagegrund nicht berühren und daß das Urteil deshalb auf ihnen nicht beruhen kann.

Die Revision führt sodann eine Reihe von Umständen an, aus denen nach ihrer Meinung der Berufungsrichter zur Bejahung der Voraussetzungen des § 826 BGB. auch in subjektiver Beziehung hätte gelangen müssen. Ihre Ausführungen richten sich dabei aber im Grunde gegen die tatsächliche Würdigung des Sachverhalts, die der Berufungsrichter vorgenommen hat. Der Berufungsrichter unterstellt, daß dem Beklagten einmal von Wechseln der H.-GmbH. gesprochen worden sei. Er glaubt aber dem Beklagten, daß dieser damit gerechnet habe, J. werde sich im wesentlichen an die ihm erteilten Weisungen halten, Kredit nur bei ihm in Anspruch nehmen und irgendwie erhebliche Mengen Waren nicht auf Kredit kaufen. Der Beklagte habe daher mit der Konkurrenz anderer Gläubiger und der Möglichkeit ihrer Schädigung nicht gerechnet. Er habe vielmehr damit gerechnet, daß die H.-GmbH. mit den ihrem Leiter eingeschärften Geschäftsgrundsätzen und mit seiner Hilfe existenzfähig sei.

Damit hat der Berufungsrichter in rechtlich einwandfreier Weise die subjektiven Voraussetzungen des § 826 BGB. verneint, für dessen Anwendung es eben nicht genügt, daß Gläubiger in sittenwidriger Weise geschädigt sind, sondern weiter erforderlich ist, daß die Schadenszufügung in vorsätzlicher Weise erfolgt ist. Dazu ist aber, wenn nicht dolus directus (unmittelbare Richtung des Vorsatzes auf die

Schadenszufügung), so doch mindestens dolus eventualis (Aufnahme des möglichen Erfolges der Schadenszufügung in den Willen) erforderlich. Das eine wie das andere wird jedoch vom Berufungsrichter in rechtsirrtumsfreier Weise verneint. Wenn die Revision meint, der Berufungsrichter hätte zu einem anderen Ergebnis kommen müssen, wenn er das Gutachten des B., die Vermögenslage der H.-GmbH. im Jahre 1926 und im Jahre 1927 berücksichtigt hätte, so kann dem nicht gefolgt werden. Hielt der Beklagte sich für den einzigen Gläubiger der H.-GmbH., glaubte er, daß J. mit dem dargeliehenen Gelde die angeschafften Waren per Kasse kaufte und bezahlte, so ist nicht einzusehen, wie aus der etwaigen Kenntnis des Beklagten von dem ungünstigen Status der H.-GmbH. hätte gefolgert werden müssen, daß der Beklagte mit der Schädigung anderer Gläubiger gerechnet und daß er diese Schädigung bewußt in den Kauf genommen habe. Es mag sein, daß der Beklagte mit dem Vorhandensein anderer Gläubiger hätte rechnen müssen und daß ihm, weil er die Kenntnis von dem Vorhandensein anderer Gläubiger sich nicht verschafft hat, der Vorwurf der Fahrlässigkeit trifft. Das genügt aber zur Anwendung des § 826 BGB. nicht. Hierfür ist zum mindesten erforderlich, daß er mit der Möglichkeit des Vorhandenseins anderer Gläubiger rechnete und ihre eventuelle Schädigung billigte, falls sie nicht zu umgehen war.

Zur Frage, ob der Beklagte das Eigentum an den Waren gutgläubig erworben habe, führt der Berufungsrichter aus: Daß der Beklagte den Eigentumsvorbehalt gekannt habe, sei durch die Beweisaufnahme nicht bewiesen. Es sei auch nicht bewiesen, daß die Prokuristen des Beklagten diesen Eigentumsvorbehalt gekannt hätten. Den Klägerinnen könne daher nur geholfen werden, wenn dem Beklagten grobe Fahrlässigkeit zur Last zu legen sei. Richtig sei, daß dem Erwerber unter Umständen eine gewisse Nachforschungspflicht aufzuerlegen sei. Das könne aber nur für Tatbestände gelten, die nach dem ersten Anschein so viel Verdachtsmomente enthielten, daß die Unterlassung einer Nachprüfung als grobe Fahrlässigkeit zu werten sei. Hierbei spiele die Frage der Üblichkeit des Eigentumsvorbehalts in der Konservenbranche, die nicht die Branche des Beklagten sei, eine Rolle. Für die Jetztzeit finde der Eigentumsvorbehalt eine ziemlich geschlossene Verwendung für die Müllerei, Zucker-, Süßwaren-, Nährmittel- und Konserven-Industrie, aber für das Jahr 1927 habe das noch nicht gegolten. Der Berufungsrichter bezieht sich hierfür auf einen Aufsatz von Professor Hoeniger in JW. 1927/627—628 und fährt dann fort:

Von einer allgemeinen Usance, welche dem Beklagten im Jahre 1927 hätte bekannt sein müssen, könne keine Rede sein. Auch die Tatsache, daß der Beklagte im Juli 1927 die Waren auf sein eigenes

Lager genommen habe, beruhe nicht auf Umständen, die in ihm Verdacht hätten erregen müssen. Sie sei erfolgt, um die Kontrolle über das Lager zu erleichtern. Die Umstände hätten auch nicht so gelegen, daß der Beklagte sich hätte sagen müssen, die H.-GmbH. könne gar nicht anders, als auf Kredit und gegen Eigentumsvorbehalt Ware kaufen. Der Beklagte habe Mittel in reichem Maße hergegeben. Aus den Aussagen der Zeugen R. und L. ergebe sich, daß diese bei ihrer Kontrolltätigkeit im Geschäft der H.-GmbH. nichts von Fakturen mit Eigentumsvorbehalt erfahren, und daß auch sie nicht auf den Gedanken gekommen seien, daß ein Eigentumsvorbehalt von den Lieferanten gemacht sei. Den Beklagten hätten von seinem Standpunkt aus von den Fakturen nur die Werte, nicht aber die Zahlungsbedingungen interessiert. Er habe keinen Anlaß gehabt, R. anzuweisen, die Zahlungsbedingungen zu prüfen.

Der Berufungsrichter nimmt an der Hand tatsächlicher Erwägungen auch nicht an, der Beklagte und R. hätten Kenntnis davon gehabt oder Kenntnis davon haben müssen, daß von der H.-GmbH. in erheblichem Maße Wechselkredit oder sonst ein längeres Ziel in Anspruch genommen werde. Er stellt dann aber noch eine Hilfserwägung an, indem er darlegt, daß jedenfalls nicht genügend Umstände vorlägen, aus denen sich eine g r o b e Fahrlässigkeit des Beklagten beim Erwerb des Besitzes der Waren feststellen ließe.

Diese Ausführungen des Berufungsrichters sind jedenfalls insoweit, als sie mit dem Vorliegen einer Fahrlässigkeit des Beklagten rechnen, diese Fahrlässigkeit aber nicht als grobe werten, rechtlich nicht zu beanstanden. Ob jemandem eine grobe Fahrlässigkeit zur Last fällt, ist, wie oft vom Reichsgericht für andere Gesetzesbestimmungen und auch für § 932 Abs. 2 BGB. ausgesprochen worden ist, im wesentlichen eine Frage tatrichterlicher Würdigung. Richtig ist allerdings, daß bisweilen gerade auch in Urteilen des erkennenden Senats davon die Rede ist, daß dem Erwerber einer Sache im Interesse des wahren Eigentümers eine gewisse Prüfungspflicht, und zwar auch unabhängig vom Vorliegen von Verdachtsgründen obliege. Andererseits ist jedoch auch eine Prüfungs- und Nachforschungspflicht nur angenommen, wenn bestimmte Verdachtsgründe dazu Veranlassung geben. Wie bereits in der Entscheidung des erkennenden Senats vom 17. November 1931, bei Warn. Rspr. 1932/16 ausgeführt ist, sind die verschiedenen Entscheidungen aber doch alle im wesentlichen auf die tatsächlichen Umstände des einzelnen Falles abgestellt, so daß den allgemeiner gefaßten Aussprüchen keine Gültigkeit für alle Fälle beigemessen werden kann. Hier hat der Berufungsrichter die Verneinung der groben Fahrlässigkeit im wesentlichen auf die besonderen Umstände des Falles gegründet. Die hiergegen von der Revision erhobenen Angriffe sind sämtlich abzuweisen.

Stichwortverzeichnis.

FSC
www.fsc.org
MIX
Papier | Fördert
gute Waldnutzung
FSC® C083411

Kolibri 360 GmbH
Ferdinand-Jühlke-Straße 7
99095 Erfurt, Deutschland
produktsicherheit@kolibri360.de